Knaur
MensSana

Über die Autorin:

Uta Klawitter, 1944 in Ellwangen an der Jagst geboren, hat nach ihrer Ausbildung als Krankengymnastin mit Kindern und Säuglingen gearbeitet. Danach studierte sie bei Moshé Feldenkrais. Sie ist heute in Unterschleißheim bei München in eigener Praxis tätig, leitet Seminare für Erwachsene und gibt Einzelsitzungen in Feldenkrais Funktionaler Integration, wofür sie ein eigenes Ausbildungsprogramm entwickelt hat.

Uta Klawitter

Die Weisheit des Körpers befragen

Lebensthemen meistern
durch bewusste Bewegung

Knaur
MensSana

Besuchen Sie uns im Internet: www.droemer-knaur.de
Alle Titel aus dem Bereich MensSana finden Sie im Internet unter
www.knaur-mens-sana.de

Originalausgabe 2004

Redaktion: Jutta Ressel, München
Umschlaggestaltung: ZERO Werbeagentur, München
Umschlagabbildung: SuperStock
Satz: Pinkuin Satz und Datentechnik, Berlin
Druck und Bindung: Nørhaven Paperback A/S
Printed in Denmark
ISBN 3-426-87214-5

2 4 5 3 1

Inhalt

Vorwort

Während ich an diesem Buch geschrieben habe, bekam ich unvermutet und ungewollt Gelegenheit, meine Ansichten und Erfahrungen am eigenen Leib zu erforschen und aktuell zu überprüfen. Beim Arbeiten am Computer fiel mir nämlich auf, dass ich bereits nach kurzer Zeit ermüdete. Das äußerte sich, indem ich nur mit Mühe und Anstrengung sehen konnte. Nachdem ich mir abwechselnd meine beiden Augen zugehalten hatte, merkte ich, dass mein rechtes Auge nur noch wie durch einen dichten Schleier sah. Voller Entsetzen eilte ich zum Augenarzt, der einen grauen Star diagnostizierte; er musste bald operiert werden. Ich durchlief alle Phasen des Widerstands, vom Nicht-wahrhaben-Wollen über Hader, Angst und Rebellion.

Ganz allmählich drängte sich mir dann die Frage auf: Was zeigt mir dieser Nebel, diese Unfähigkeit, klar zu sehen?

Zuallererst kam die Ein-Sicht, dass ich in der letzten Zeit meist gestresst und unter Druck war, dass mein Terminkalender randvoll war. Das hatte zur Folge, dass ich auch angenehme Vorhaben wie Feste und Einladungen als Pflicht und Mühe betrachtete – trübe Aussichten eben! Jedenfalls begann ich, mir zeitlich Luft zu verschaffen, um zu »sehen«, was mir mein fast blindes Auge zeigen wollte. So wurde mir klar, wie schwer es mir fiel, die gewonnene Zeit als Geschenk zu betrachten. Zunächst war ich ständig auf dem Sprung, mich mit irgendwelchen – scheinbar notwendigen – Aktivitäten abzulenken und mich zu beschäftigen. Schritt für Schritt veranlasste mich die Bedrohung meines Augenlichts, zur Ruhe zu kommen, um auf mich und allmählich auch in mich zu schauen.

Als ich mich mit der Notwendigkeit einer Operation abgefunden hatte, wollte ich mir einen Termin geben lassen. Bei den vorbereitenden Untersuchungen entdeckte der behandelnde Arzt zusätzlich eine Netzhautablösung am betroffenen Auge. Dieser Eingriff war weit gefährlicher, aufwändiger und langwieriger als die bevorstehende Staroperation.

Die Auseinandersetzung mit dieser neuen Bedrohung vollzog sich sehr viel tiefer und gründlicher. Nun galt es, noch genauer und schonungsloser zu sehen, was dieses Auge derart »verletzt« hatte, dass es so drastisch reagierte. In den zwei Wochen vor der Operation bereitete ich mich vor, indem ich mir ganz neue Aufmerksamkeit und Achtung zuteil werden ließ.

Danach durfte und konnte ich nicht lesen, und mein räumliches Sehen war sehr eingeschränkt. Die Spaziergänge im Klinikgarten waren tastend und unsicher und meine Lieblingsablenkung – das Lesen – unmöglich. Inzwischen bin ich dankbar für diese lange Zeit der Ruhe, in der ich mich sammeln und wieder finden konnte. Es gelang mir sogar, die Sorgen und Gedanken um mein noch nicht vollendetes Manuskript und den nahenden Abgabetermin immer wieder beiseite zu schieben.

Diese Zeit der Beschaulichkeit und der Achtsamkeit war für mich ein wahrer Neubeginn: die Gelegenheit, mein Leben zu betrachten – zu sortieren und zu ordnen, was wesentlich ist, was marginal und was nur Ballast und Gewohnheit.

Oft werde ich bei meiner Arbeit gefragt, warum Menschen schmerzhafte Erfahrungen und Erlebnisse brauchen, um »zu sich zu kommen«. Ich möchte diese Frage so beantworten: Keine Methode oder Technik ist in der Lage, uns vor schmerzhaften, unerfreulichen, traurigen oder beängs-

tigenden Erfahrungen, das heißt vor den Impulsen des Lebens zu schützen. Dieses Buch mag jedoch einen gewissen Beistand leisten und uns unterstützen, solche Impulse als Chance für Wachstum und Entwicklung zu begreifen, anstatt in Abwehr und Hader oder auch Schuldzuweisungen stecken zu bleiben.
Es will den Weg zu Selbstachtung und Selbstliebe weisen. Dabei gilt es, den Unterschied zu Selbstsucht und Egoismus zu erkennen; Letztere gedeihen in der Unkenntnis und Unbewusstheit der wirklichen und wirksamen inneren Bedürfnisse. Selbstachtung und Selbstliebe dagegen erfordern, dass wir uns Aufmerksamkeit und Zuwendung schenken und auch unsere Zu-Neigung, was ganz wörtlich bedeutet, dass wir uns auch den Seiten zuneigen, die wir oft ablehnen, verdrängen, leugnen oder bekämpfen. Dies beinhaltet, dass wir uns selbst, unseren Mitmenschen und dem Leben gegenüber eine forschende und entdeckende Einstellung an den Tag legen, anstatt »blind« zu urteilen, zu werten und in unserer gewohnten Haltung zu verharren. Genau dazu können uns Unfälle oder schmerzhafte Impulse im Leben bewegen.

Dieses Buch zu schreiben war für mich eine große Herausforderung, die ich teils als Chance mit Freude und Elan angenommen, teils als unzumutbare Bürde missmutig hinter mir hergeschleppt habe.
Und damit bin ich eigentlich auch schon genau beim Thema. Dieses Buch ist dem Mensch-Sein gewidmet. Es ist geschrieben als Ermutigung und Anregung für Menschen, die neugierig und interessiert sind, sich selbst kennen zu lernen, für Menschen, die bereit sind, sich auf den Weg zu sich selbst aufzumachen, die aufbrechen wollen, um ihre Quellen und ungehobenen Schätze zu entdecken. Es will

aufmerksam machen auf die Einengung, die wir uns durch Gewohnheiten antun, und die Enttäuschungen, die unsere Erwartungen mit sich bringen.
Ferner will es zeigen, wie das Erleben und Erinnern unserer Vergangenheit den Blick in die Zukunft färbt und uns häufig daran hindert, in der Gegenwart zu leben. Es will die Menschen unterstützen, die sich aufgemacht haben, ihr Leben zu leben, anstatt zu funktionieren, Erwartungen zu erfüllen und Normen zu genügen.

Es ist mir ein Anliegen, in diesem Buch meine Leserinnen und Leser direkt und persönlich anzusprechen. Darum habe ich mich für das Du entschieden, weil ich für dich schreiben will. Es geht mir nicht darum, allgemeine Betrachtungen anzustellen. Als Mit-Mensch, als ebenbürtiger Erdenbürger habe ich das Du dem Sie vorgezogen. Graf Dürckheim sagte bei der Laudatio anlässlich seines 85. Geburtstags, sein Thema sei sein ganzes Leben lang gewesen: »Wie kriege ich den Karlfried durch den Dürckheim durch?« In diesem Sinn schreibt Uta für Sonja oder Ilse, für Thomas oder Wilhelm; dieser Titel ist nicht von Frau Klawitter für Frau Lehmann oder Herrn Maier verfasst.

Einführung

Mein Weg mit Moshé Feldenkrais

Dieses Buch ist nicht als Rezept- oder Übungsbuch gemeint, das dir verspricht, ein »besserer« Mensch zu werden, wenn du nur dieses übst und jenes isst, auf diese Weise atmest oder auf jene Art denkst. Es ist ein Buch, das zeigen will, wie wir miteinander arbeiten können, wie das Spüren und Nachspüren von Bewegungen des Körpers dem Bewusstwerden von Lebensthemen und Lebensproblemen dienen kann.

Wegweisend für meine Arbeit als Physiotherapeutin wie auch für meinen weiteren Werdegang war meine erste Begegnung mit Moshé Feldenkrais im Jahr 1976. Bis dahin hatte die Vorstellung der Schulmedizin mein Weltbild geprägt: Der Mensch hat sich alle seine orthopädischen und gynäkologischen Leiden und Beschwerden dadurch zugezogen, dass er, anstatt weiterhin auf allen vieren zu gehen, angefangen hat, im aufrechten Gang über die Erde zu schreiten. Aus dieser Sicht war der aufrecht gehende Mensch schlichtweg eine Fehlkonstruktion. Meine Einstellung sollte sich durch die Begegnung mit Feldenkrais jedoch ändern.

Moshé Feldenkrais wurde 1904 in Russland geboren. Er studierte Physik und lehrte und forschte in Paris an der Sorbonne. Im Zweiten Weltkrieg tat er unter englischer Flagge auf einem U-Boot Dienst. Diese Zeit, in der er sich auf engstem Raum mit seinen Mitstreitern so organisieren und in Beziehung bringen musste, dass das Zusammen-

wirken der Besatzung effizient und mit möglichst wenig Reibung ablief, machte ihn auf die Entwicklungsmöglichkeiten der menschlichen Bewegung ebenso aufmerksam wie seine Sportverletzungen, die er sich beim Judo und Fußballspielen zugezogen hatte.
Feldenkrais sah sich veranlasst, sich mit der Bewegung und der Grundausstattung des Menschen, und zwar zunächst mit dem Bewegungsapparat zu beschäftigen. Dabei gelangte er zu dem Schluss, dass dieses Bewegungssystem absolut und vollkommen geschaffen und geeignet sei, um uns im aufrechten Gang im Schwerkraftfeld der Erde fortzubewegen.
Das Konzept der Feldenkrais-Arbeit beinhaltet generell, sich der eigenen Bewegungen bewusst zu werden; es geht davon aus, dass unsere menschliche Konstitution genau den Gegebenheiten der Schwerkraft auf dieser Erde angepasst ist und Orientierungsmöglichkeiten bietet, wenn wir es uns nur erlauben, uns unserer Vielfalt und Kreativität, unseren Variationsmöglichkeiten und unserer Unbegrenztheit entsprechend zu bewegen.
So zielt bei dieser Methode der Umgang mit Bewegungen nicht auf das Trainieren von Muskeln und das Mobilisieren von Gelenken ab, sondern es geht vielmehr um das Aufmerksamwerden und das Bewusstmachen von einengenden Mechanismen und eingleisigen Gewohnheiten – um Bewusstheit durch Bewegung.

Nach meiner Ausbildung als Krankengymnastin arbeitete ich erfolgreich mit Kindern mit Entwicklungs- und Bewegungsschwierigkeiten, litt jedoch zunehmend selbst an Gelenkschmerzen und Unzulänglichkeiten meiner Bewegung und Haltung. Immer wieder wechselte ich den Arzt, weil ich meinte, ich müsste nur endlich den »richtigen« Fachmann finden, dann wäre ich bald von Schmerzen, Schwellungen und meinem hinkenden Gang befreit und geheilt. Oft bekam ich zu hören, bei meinem lädierten Bewegungsapparat müsse ich mir so bald wie möglich einen anderen Beruf suchen, weil die Arbeit mit Kindern viel zu schwer und anstrengend für mich sei. Die Vorstellung, meine Tätigkeit aufgeben zu müssen, schien mir allerdings ungefähr so praktikabel, als habe man mir vorgeschlagen, meinen Körper zu wechseln.

Als ich Moshé Feldenkrais 1976 in Rotterdam kennen lernte, war ich fast ständig von Schmerzen geplagt. Oft lahmte mein linkes Bein, meine Knie waren geschwollen, ich hatte Sehnenscheidenentzündungen an den Handgelenken und regelmäßig Migräne. Meist lösten sich diese Beschwerden ab, sodass ich ständig mit einem Teil meines Körpers in schmerzhaftem Kontakt stand.

Moshé Feldenkrais unterrichtete damals in Rotterdam eine Gruppe von etwa achtzig Personen mit Hilfe seiner Methode »Bewusstheit durch Bewegung«. Ich nahm daran teil, anfangs wie an einer Weiterbildungsveranstaltung, kritisch und distanziert, weil ich ein straffes Übungsprogramm erwartet hatte. Zwischen den kleinen, leichten Bewegungen sprach Moshé Feldenkrais lang und ausführlich über Themen wie »Lernen«, »Schwerkraft«, »Orientierung im Raum« usw. Meine Ungeduld verwandelte sich in Unaufmerksamkeit. Als er uns dann zu bestimmten Bewegungsexperimenten aufforderte, hörte ich kaum noch hin und murkste gelangweilt einige Bewegungen zusammen, wobei ich mit meiner Aufmerksamkeit bei all den Orten war, an denen ich lieber gewesen wäre als in dieser Kongresshalle von Rotterdam, in einer Feldenkrais-Gruppe.

Plötzlich wurde ich durch Geräusche und Bewegungen aus meinen Träumen gerissen und stellte fest, dass Feldenkrais die ganze Gruppe – alle 79 Teilnehmer – um mich versammelt hatte, um an mir ein »gutes Beispiel für schlechte Bewegung« zu demonstrieren. Im Nu war ich hellwach und aufmerksam und hatte nur noch den einen Wunsch: Der Boden möge sich öffnen und mich verschlingen, um mich aus dieser peinlichen Situation zu befreien. Unerbittlich redete Moshé Feldenkrais über meine Bewegungen, die er als »Mechanismen« bezeichnete.

Am Tag darauf hatte ich dann Gelegenheit, mit einer anderen Eigenart von mir Bekanntschaft zu schließen. Nach der Blamage wollte ich nun alles besonders gut und recht machen – ich wollte es ihm zeigen! Also nutzte ich diesen Tag, um mich zu schinden und zu plagen. Abends kroch ich völlig zerschlagen in mein Hotelzimmer, um dort eine Horrornacht voller Schmerzen zu durchleiden.

So schnell meine geschundenen Gelenke und geplagten Muskeln es erlaubten, eilte ich am nächsten Morgen zu Moshé Feldenkrais, um mich heftig über seine Arbeit und Seminarleitung zu beschweren: Sie habe mich zu einem von Schmerzen verkrampften Krüppel gemacht.

Er wollte wissen, wer denn so mit mir umgegangen sei. Meine Antwort lautete: Natürlich er mit seinen fürchterlichen Bewegungen! Er stellte mir die gleiche Frage noch mehrere Male, und allmählich dämmerte mir die Ungeheuerlichkeit, dass ich selbst mit mir so umgegangen war. Es war unfassbar! Diese Erkenntnis warf mich schlicht und einfach fast um.

Langsam, Schritt für Schritt fing ich an zu begreifen und zu spüren, wie unachtsam und mechanisch ich funktioniert hatte – und dass es einen Unterschied gibt zwischen

Funktionieren und Sich-Bewegen. So wurde ich selbst meine erste, ungeduldigste und kritischste Patientin – und gleichzeitig lernte ich, mich zu meiner eigenen Therapeutin im Sinn von Begleiterin und Lehrerin zu entwickeln.
Meine Schmerzen und Beschwerden gaben klar und eindeutig Auskunft, wann ich wieder in meine alten Muster aus Gewohnheit, Automatismen, Zurückhaltung oder Zwang verfallen war. Ich lernte aus immer neuen Kombinationen und Variationsmöglichkeiten von Bewegungen genau die zu finden, die hier und jetzt für mich stimmten, die schmerzfrei und angenehm waren. Allmählich schaffte ich es zumindest zeitweise, völlig schmerz- und beschwerdefrei zu sein. Das erleichterte mir dann das Erspüren und Wahrnehmen der schmerzauslösenden Bewegung oder Situation.

Bewegung wurde zu einem Erlebnis, das ich ständig neu erfahren und kreieren konnte, zu einem Erlebnis, das ich mit Lust und Leichtigkeit verbinden konnte, anstatt es zu einem dauernden Kampf gegen die Schwerkraft verkommen zu lassen. Ich erfuhr durch meinen Körper auf allen Ebenen, dass ich mich mit Bewegung ausdrücken, zeigen, erfahren, in Beziehung bringen kann, anstatt meinen Körper wie einen unförmigen Sack hinter mir herzuzerren oder vor mir herzuschubsen. Ich war fasziniert von dieser Möglichkeit, meine Freude und Leichtigkeit beim oft spielerischen Umgang mit der Schwerkraft zu fühlen. So wie ich an »meinen« Kindern deren Bewegungsentwicklung beobachtet und bewundert hatte, konnte ich nun meine eigene Bewegung wieder neu erforschen und erleben.

Dieses erste Seminar mit Moshé Feldenkrais wurde zu einem aufregenden Ausflug in meinen Körper, in mein Selbst. Ich nahm Zusammenhänge wahr, von deren Vorhandensein ich als »Fachfrau« zwar gewusst hatte, ohne dieses Wissen jedoch auf mich selbst anwenden zu können. Wissen wurde zu Bewusst-Sein.

Ich fing an, das an mir Erlebte an Klienten weiterzugeben. Bei jedem lernte ich neue Eigenarten und Muster kennen, fand immer deutlichere Zusammenhänge, die über Angaben wie rechts – links, vorne – hinten, oben – unten am Körper weit hinausgingen.

So erfuhr ich an mir selbst, dass meine physische Stabilität nicht auf den Körper beschränkt bleibt, sondern sich vielmehr auch der emotionalen und intellektuellen Ebene mitteilt. Und ganz allmählich nahm ich wahr, dass es auch noch die spirituelle Ebene gibt, die mir erlaubt, die anderen Ebenen zu betrachten, ohne dabei jedoch zu bewerten und zu urteilen.

Schmerzen und Abnutzungserscheinungen, durch jahrelange Spannung und Fehlbelastung entstanden, sowie ein schwerer Unfall sorgten dafür, dass ich selbst meine Klientin blieb und bleibe, um so diese Methode ständig auf ihre Wirksamkeit und Tauglichkeit im Alltag zu untersuchen, zu hinterfragen und auch noch zu verfeinern.

In den folgenden Jahren besuchte ich Moshé Feldenkrais in Tel Aviv. 1983 organisierte ich die erste europäische Feldenkrais-Ausbildung in München, an der ich auch teilnahm. Leider war Moshé Feldenkrais zu der Zeit schon so schwer krank, dass er sie nicht mehr persönlich leiten konnte.

Meine Erfahrungen seit 1976 haben mir erlaubt, den »Mythos vom Alter« zu erforschen und die These zu widerlegen, die da lautet, Alter bedeute nur eine Reduzierung der Möglichkeiten, Gebrechlichkeit, Unvermögen. Damals habe ich mich bedeutend älter und gebrechlicher, eingeschränkter und unfähiger gefühlt als heute!

Im Gespräch mit dem Körper sein

Die Feldenkrais-Methode lehrt in der Gruppe »Bewusstheit durch Bewegung«, in der Einzelarbeit die so genannte »funktionale Integration«. Immer geht es darum, den Bewegungen und Regungen des Körpers nachzuspüren, um so Spannungen und Begrenzungen zu entdecken. Die Wechselwirkung von Wahrnehmen, Spüren, Bedenken, Bewusstmachen von Bewegung und schließlich die Sprache führen dazu, dem Körper und seinen Funktionen zu einer Mobilität auf allen Ebenen zu verhelfen, die dem Wesen des Menschen entspricht und auch gerecht wird.

Die Art von Moshé Feldenkrais, mit Sprache umzugehen, war ebenso eigenwillig wie anregend. Sie hat seine Zuhörer immer wieder aufgestört und wach werden lassen, wenn sie weiter in den gewohnten Denkmustern verharren wollten, und nie war sie ungenau oder vage. Vielmehr war es sein Umgang mit Sprache, der mir den Akt des Hinhörens als aktive Tätigkeit bewusst gemacht hat.
Feldenkrais gab seinen Schülern nämlich nicht die Gelegenheit, sich seine Ansichten und Erkenntnisse einfach so »reinzuziehen«; er setzte sie in Portionen vor, die aufmerksam gerochen, neugierig gekostet und sorgsam gekaut werden wollten. Seine Vorträge ähnelten originell und

ungewöhnlich zubereiteten Mahlzeiten, die auf äußerst gekonnte und raffinierte Weise so zusammengestellt waren, dass sie alle Sinne ansprachen. Daher wurden Geschmacksknospen erreicht und deren Sensibilität und Differenziertheit auf eine Art geweckt, die hellwach machte. Seine verbalen Mahlzeiten gaben zu beißen, zu kauen und zu staunen. Manche lagen schwer im Magen oder schienen fast unverdaulich, manche hatten eine schier unendliche Langzeitwirkung, manche brachten einen völlig aus der gewohnten Form. Er gab Mahlzeiten, die einen beschäftigten, mit denen man sich auseinandersetzen musste, die bekömmlich oder belastend waren, schmackhaft oder zum Erbrechen – doch eines waren sie nie: Fertigprodukte oder Instant-Nahrung, Fast-Food oder Büchsenfutter.
Durch seinen Umgang mit Sprache erlöste Moshé Feldenkrais die Wörter aus ihrer Kargheit und öffnete Räume und Dimensionen, die Worte wieder zu Aussagen machten. Indem er auf das Wort als den »kleinsten gemeinsamen Nenner« hinwies, der uns Menschen als Verständigungsmittel zur Verfügung steht, schuf er die Möglichkeit, Wörter nicht nur als Sprachhülsen zu benutzen, sondern sie als Stütze und Struktur zu verwenden, an der wir das Gespinst unserer Gedanken und Empfindungen festmachen, transportieren und mitteilen können.

Ich habe Moshé Feldenkrais dahingehend verstanden, dass Bewusstheit durch Bewegung möglich wird, weil wir die Bewegungen in uns selbst entdecken und entwickeln. Es gibt in den Gruppen also keinen Vorturner, dessen Bewegung es dann zu imitieren gilt. Vielmehr wird Sprache dazu eingesetzt, eine Bewegung so genau und präzise zu beschreiben, dass sie in jedem Teilnehmer als seine eigene

Bewegung ebenso bewusst wie spürbar und damit auch verfügbar wird; sie kommt zum Ausdruck. Diese Bewegungsbeschreibung ist deshalb so wichtig, weil sie jede einzelne Bewegung zum Original, zum Unikat macht – und nicht zum bloßen Nachmachen, zum Üben oder Exerzieren verführt.

Sobald ein Teilnehmer von »Übung« sprach oder anfing, sich mechanisch zu bewegen und »Gymnastik« zu machen, habe ich Moshé Feldenkrais sehr aufgebracht und wütend erlebt. Seine Äußerungen dazu waren unmissverständlich. Immer wieder machte er klar, dass eine bestimmte Bewegung dazu diene, bestimmte Erfahrungen zu vermitteln und Zusammenhänge so spürbar zu machen, um es einem Menschen zu ermöglichen, sich selbst zum Ausdruck zu bringen. Die Bewegung ist eine Art Handwerkszeug, das verwendet wird, um jenseits der alten Mechanismen Neues und Andersartiges zu entdecken, zu erleben und natürlich zu spüren. Dass und wie dieser Vorgang wahrgenommen wird, ist wichtig.

Dazu gab er das folgende anschauliche Beispiel: Du hast die Feldenkrais-Methode nicht deshalb verstanden, weil du täglich eine bestimmte Folge aufeinander abgestimmter Bewegungen als »Übung« praktizierst. Vielmehr hast du sie dann verstanden, wenn du bei allem, was du tust, wach dafür bist, wie du es tust.

So kannst du beispielsweise beim Zwiebelschneiden Feldenkrais praktizieren: Du kannst dich über deine Zwiebel beugen und sie unter Tränen schneiden – oder du kannst dir bewusst sein, dass das Schneiden der Zwiebel ätherische Essenzen freisetzt, die leichter sind als die Luft. Deshalb ist es schonender für deine Augen, deine Zwiebel so vor dir zu platzieren, dass diese aufsteigenden Essenzen nicht dein Gesicht, speziell deine Augen erreichen. So kannst du dann deine Zwiebel ohne zu weinen schneiden. In allen Sitzungen und Lektionen, die ich mit und bei Moshé Feldenkrais erlebt habe, legte er stets großen Wert darauf zu betonen, dass er seine Arbeit nicht als Therapie, und schon gar nicht als Körpertherapie betrachte. Er deklarierte und begründete seine Methode als eine Möglichkeit zu lernen und die Fähigkeit zu erlangen, Zusammenhänge im Körper zu erkennen, zu einer Koordination im Zentralnervensystem und zu einer Neuorganisation auf den verschiedenen Ebenen des Körpers zu finden. Oft träten bei diesem Lernprozess therapeutische Effekte ein, doch die seien nicht seine Absicht. Ihm gehe es darum, seine Schüler zum Lernen zu bringen.

Ich distanziere mich in meinem Selbstverständnis insofern von Feldenkrais' Definition, als für mich das Wort »Therapie« in seinem ursprünglichen Sinn, nämlich als »Begleitung«, Raum gibt für Mitgefühl und das Unterwegs-Sein als Mit-Mensch. Ich fühle mich als »Therapeutin« oder Geburts-Helferin in dem Sinn, dass ich meine Klienten darin unterstütze, verdrängte und versteckte Anteile und Seiten ihres Wesens zur Welt zu bringen. Ich möchte also nicht nur Motivation zum Lernen wecken, sondern auch helfend begleiten, und zwar als Mit-Mensch mit der Bewusstheit meiner eigenen Fehlbarkeit und Menschlichkeit. Das erlaubt mir, meine Eigenschaften zu erkennen und meine Schattenseiten zu integrieren, um mich so zutiefst dem Wachstum und der Entwicklung der Menschen zu verpflichten, die sich mir anvertrauen. Dieser Weg bedeutet, vom Therapeuten-Podest in dem Wissen herunterzusteigen, dass ich weder Rezepte noch Konzepte noch Ratschläge erteilen will, was irgendjemand »besser« oder »richtiger« machen könnte. Vielmehr sehe ich den Sinn meiner Arbeit darin, Probleme gleichsam von außen zu betrachten, um dann durch das Wahrnehmbarmachen die Sichtweise des Betroffenen zu spiegeln. So kann er erkennen, dass sein momentaner Blickwinkel nicht der einzig mögliche ist. Andere Aspekte werden vorstellbar und geben ihm die Freiheit, eine Wahl zu treffen.

In dem von Moshé Feldenkrais abgelehnten Begriff der Körpertherapie ist auch das Wort »Körper« enthalten. In den vielen Jahren, in denen ich mit der Feldenkrais-Methode nicht nur arbeite, sondern auch lebe, hat sich für mich Bewegung als optimaler Zugang zu allen Ebenen unseres Wesens erwiesen. Deshalb empfinde ich es nicht nur als eine Art vergebene Chance, wenn man mit dieser Methode gleichsam im Körper stecken bleibt, sondern fast schon als Missbrauch – wie wenn man ein Präzisionsinstrument zum Holzhacken verwendet.

Du kannst bestimmte Bewegungen ausführen, um auf spektakuläre Weise zum Sitzen oder in den Kopfstand zu kommen, du hast eine nette Lektion gelernt – aber macht das einen Unterschied in deinem Leben? Wichtig ist doch, dass dieses Instrument dich befähigt, ganz neue Seiten und Möglichkeiten an dir zu entdecken, sobald du aufhörst, nur auf die körperlichen »Verbesserungen« zu achten. Dann kannst du anfangen, die Zusammenhänge aller vier Quadranten zu erkennen, die dein Wesen ausmachen. Du kannst deinen Blick über deine körperliche Ganzheit hinaus zu den Anteilen in dir erheben, die mehr sind als dein Körper: deine Emotionen, dein Intellekt und dein spirituelles Selbst – *und* dass du mehr bist als nur die Summe deiner vier Ebenen.

Durch den Umgang mit Bewusstheit durch Bewegung ist mir immer deutlicher geworden, wie analog unser Gebrauch von Bewegen und Sprechen sich vollzieht. So können wir Bewegung wie Mechanismen und unbewusste Muster benutzen – oder aber als Möglichkeit vollständigen Selbstausdrucks. Dasselbe gilt für den Gebrauch unserer Worte.

Im Lauf der Jahre hat das Erforschen und Hinterfragen von Sprache zunehmend an Bedeutung für mich gewonnen. Es hat mir gezeigt, wie vielfältig wir Sprache benutzen: zur Mitteilung wie zur Verschleierung, zur Kommunikation wie zur Isolation. Bei all dem Missbrauch, den wir mit ihr treiben – wie mit unserer Bewegung auch –, ist sie doch das wichtigste Medium, das es uns erlaubt, uns über die Verschiedenheit unserer Welten zu verständigen. Die Sprache befähigt uns, unsere eigene Welt mit ihren individuellen Maßstäben, Erlebnissen, Prägungen, Grenzen, Erkenntnissen usw. zu vermitteln. Im tagtäglichen Umgang mit uns und unseren Mitmenschen tun wir allerdings so, als wäre »die Welt« objektiv und damit auch unsere Erfahrungen und der Hintergrund, die unser Handeln bestimmen.

Das folgende Beispiel mag diese Illusion schön verdeutlichen. Ich besuchte mit dreizehn Frauen meiner Ausbildungsgruppe einmal einen Gottesdienst. Als sich anschließend die Frauen austauschten, wie sie den Kirchgang erlebt hatten, wurde deutlich, dass da wohl vierzehn verschiedene Pfarrer vierzehn verschiedene Gottesdienste zelebriert hatten!
Es kann hilfreich sein, sich mittels der Sprache über die Verschiedenheit unseres Empfindens und Erlebens zu verständigen – anstatt sich auf den Standpunkt zu stellen: »Meine Sicht ist richtiger, besser, gescheiter usw. als dei-

ne!« Aus dem Missverständnis, zwei Menschen würden eine Situation auf die gleiche Weise empfinden, entsteht die Art von »Unterhaltung«, die den Beteiligten zwar die Illusion eines Dialoges vermittelt, in Wirklichkeit aber eher dem Abspielen von zwei Kassetten ähnelt.
Wir können also Sprache und Wörter gebrauchen wie Worthülsen – wie zum Dreschen von leerem Stroh. Oder wir können sie als Möglichkeit begreifen, uns kraftvoll und klar verbal zum Ausdruck zu bringen, um hörbar und gehört zu werden.
So kann die Fähigkeit, dir zuallererst wieder selbst zuzuhören, dazu führen, dass du deine eingefahrenen Denk- und Empfindungsmuster wahrnimmst, die du durch deine Vorurteile und Erwartungen selbst eingeschränkt hast. Das versetzt dich in die Lage, deinen Blick zu heben, um zu erkennen, wie du jenseits deiner Voreingenommenheit die Einmaligkeit eines jeden Augenblicks wahrnehmen und auch annehmen kannst. So kann jeder Moment neu auftauchen und dir die Chance geben, dich neu zu entdecken und zu entfalten.

Die Arbeit von Moshé Feldenkrais bestand zum einen im Entwickeln von Bewegungsabläufen, zum anderen in Vorträgen über verschiedene Themen, die er mit Geschichten und Bildern veranschaulichte.
In einer Art Weiterführung der Ideen von Feldenkrais sehe ich meine Aufgabe nun darin, im Dialog zu lehren. Jeder Seminarteilnehmer bekommt die Gelegenheit, sich mit seiner Frage, seinem Thema, seiner individuellen Schwierigkeit einzubringen. Durch verbale Interaktionen mit mir findet er dann eine Möglichkeit, sein Thema aus einem neuen Blickwinkel zu sehen, jenseits seiner früheren Beschlüsse und Vorurteile. Die Klarheit, die er dadurch ge-

winnt, gestattet es ihm, sich selbst in neuen Zusammenhängen zu erkennen und eigene Wege zu finden, anstatt sich weiter im Kreis zu drehen. Dazu kommt, dass ich verschiedene Bewegungsabläufe aufzeige, mit denen jeder Teilnehmer seiner Frage und seinem Thema in seinem Körper nachspüren kann.

Somit vermag das Thema, das scheinbar ein Problem darstellte, wie ein Wegweiser zu wirken, der den Klienten zu seiner eigenen Quelle führt. Sinn meiner Arbeit ist es nicht – um beim Bild der Quelle zu bleiben –, dass ich dir zu trinken gebe, wenn du durstig bist. Vielmehr sehe ich meine Aufgabe darin, dir spürbar zu machen, dass dein Durst die Kraft ist, die dich befähigt, deine eigene Quelle zu finden, um sie dir über alle Hindernisse und Grenzen hinweg zugänglich zu machen.

Diese vier Ebenen sind stets in dir wahrnehmbar:

- Auf der *körperlichen Ebene* spreche ich von Spüren und Empfinden, Sehen, Hören, Riechen, Tasten, Schmecken,
- auf der *emotionalen Ebene* von Fühlen,
- auf der *intellektuellen Ebene* von Denken,
- auf der *spirituellen Ebene* von Entdecken, Erkennen, Einsehen, Beobachten, Betrachten.

Sehr bald kannst du zwischen deinen verschiedenen Ebenen differenzieren und auch wahrnehmen, wie viel Kampf und Reibung oft zwischen deinen verschiedenen Seiten stattfinden. Da fühlst du etwa eine Emotion, und sofort ist dein Intellekt zur Stelle, um zu sagen: unerwünscht, peinlich, gefährlich, lächerlich usw.

Die beiden ringen miteinander und tragen ihren Kampf im

Körper aus. Der signalisiert dir Unbehagen, Schmerz, Enge, Kälte, Angst, Beklemmung, Atemnot und vieles andere mehr.
Hast du einmal gelernt, von deiner spirituellen Ebene aus diese verschiedenen Strömungen einfach wahrzunehmen, versetzt dich das in die Lage, eine Wahl zu treffen. Was entspricht dir jetzt im Moment? Von welcher Strömung willst du dich tragen lassen? Aus der Erkenntnis, was dir im Augenblick sinnvoll erscheint, kannst du die zunächst gegenläufige Strömung dazu bringen, sich mit der tragenden zu verbünden, anstatt deine Kraft in Reibung zu investieren und zu verbrauchen. Auf diese Weise steht dir dein volles energetisches Potential zur Verfügung, anstatt dass du gegen die Strömung in dir anruderst und kämpfst. Sobald du damit beginnst, dich in dieser Leichtigkeit und Vollständigkeit zu erleben, wirst du erstaunt sein, wie authentisch und aktuell du dich ausdrückst und wie du mit der Zeit neu hören und kommunizieren kannst. Die Situation ist vergleichbar mit einem Aufenthalt in einem fremden Land, wenn du es neu lernen musst, dich in der Fremdsprache verständlich zu machen. Es besteht dann nicht mehr der Drang, beispielsweise gut dastehen zu wollen, der dich durchs Leben bewegt. Vielmehr kannst du abwägen, ob du gut dastehen willst – oder das tun, was dir jetzt im Moment am meisten entspricht.

Unsere Zwänge und Gewohnheiten wurzeln häufig in sehr frühen Beschlüssen, die wir als kleine Kinder getroffen und für überlebensnotwendig gehalten haben. Als Erwachsene haben wir die Möglichkeit, derartige Beschlüsse zu erspüren, um ihnen im wahrsten Sinn des Wortes auf die Spur zu kommen. Wir sollten diese Gelegenheit also nicht dazu missbrauchen, unsere Vorurteile oder gar uns selbst zu verurteilen. Es geht vielmehr darum, sie aus dem Dunkel des Unbewussten ins Licht der Bewusstheit zu heben, um uns so aus dem Gefängnis der Zwänge zu befreien. Dazu dienen uns die Impulse des Lebens, die uns immer wieder neue Türen zugänglich machen, die durch Gewohnheit und Trott verschüttet schienen.

An dieser Arbeit schätze ich besonders, dass sie den Menschen in seiner Ganzheit und Vollständigkeit respektiert, auch wenn er als Leidender kommt. Sie ist geprägt von Behutsamkeit und der Achtung vor dem individuellen Wachstum. Dieser Ansatz ermöglicht, dass all das Vergessene und Verdrängte auftauchen kann, wann immer es reif und die Zeit gekommen ist. Dabei wird jedoch nie forciert oder gedrängt. Das Leben ist gleichsam der »Lehrer«, der eine Reihe von Herausforderungen und Chancen bietet, um sich selbst zu begegnen, sich zu entwickeln, sich zu zeigen und zum Ausdruck zu bringen.
Immer wieder, wenn eine neue Erkenntnis, eine erhellende Einsicht gelungen ist, könntest du die Illusion haben, das müsse jetzt für den Rest deines Lebens reichen. Und doch ist es mit dem Wachsen wie mit dem Essen. Auch der Genuss des köstlichsten und sättigendsten Mahles macht dich nicht gefeit, immer wieder erneut hungrig zu sein. Anders gesagt: Selbst wenn es dir nach dem Dessert so scheint, du bleibst nicht immer und ewig satt.

Dieser Vergleich aus dem alltäglichen Leben soll dir helfen zu erkennen, dass es mir nicht um das Erörtern einer abgehobenen Theorie geht, sondern ganz praktisch darum, dich mit Handwerkszeug vertraut zu machen, das dir dann das Erspüren und Aufspüren deiner Gewohnheiten ermöglicht. So kann sich die Erkenntnis einstellen, dass du mehr

bist als deine Muster, Rollen und Vorstellungen. Du vermagst dann zu sehen, wo du dich von Wahr-Scheinlichkeit blenden lässt, anstatt wahr-zu-nehmen.
Ferner geht es darum, dass du lernst, dich mit diesen Begrenzungen anzunehmen, damit du dir die Freiheit der Wahl und Kreativität schenken kannst. Du weißt dann nämlich, dass es nicht sinnvoll ist, stumpf und einseitig immer das Gleiche zu wiederholen – und andere Antworten zu erwarten. Vielmehr vermagst du zu erkennen, dass andere Laute ein anderes Echo bewirken, und so tatsächlich Ver-Antwortung zu übernehmen, indem du begreifst, dass du der Autor bzw. die Autorin bist: Für das, was dir scheinbar »von außen« begegnet, hast du selbst den Impuls gegeben. Diese Einsicht kann dich mit all deinen Fähigkeiten in Kontakt bringen und dir erlauben, dich in deiner Ganzheit und Vollständigkeit, in deiner Einzigartigkeit und Kostbarkeit auf die Welt zu bringen. So wirst du kundig und kompetent in der zunächst fremden Sprache deiner Symptome und Signale.

Die Zeit vor der Geburt

In diesem Kapitel kannst du entdecken:

- deine Vor-Geschichte zu deinem Mensch-Sein,
- die einzelnen Perlen deiner Lebens-Kette,
- dein Bezogen-Sein zu deinen Begleitern, Partnern, Wegweisern.

Du stellst dir folgende Fragen:

- Welches sind meine Lebens-Aufgaben?
- Mit wem beleuchte ich sie?
- Wie spüre ich mich aufgenommen von der Erde?
- Wie vertraue ich mich ihrer Unterstützung an?

Auf die Welt kommen wollen

Betrachten wir, was vor der Geburt mit uns geschehen sein könnte, so sind wir auf Spekulationen angewiesen, auf unsere Phantasie, unsere Vision – oder auf ein tiefes Urwissen, das uns in seiner archaischen Weisheit mit den Kulturen aller Völker verbindet. Ich lade dich nun also ein, mit Hilfe deiner Phantasie in diese Welt zu treten. Gestatte dir, mit Gedanken und Bildern zu spielen, ohne sie durch die Zensur deiner Rationalität zu unterbinden oder sie dir zu verderben.

Stell dir dich als Wesen vor, lang vor deiner Geburt, sogar vor deiner Empfängnis. Lass dich fühlen, wie du dich als dieses Wesen spürst – als Licht, als Hauch, als Duft, als Wirbel – wie auch immer. In diesem Wesen entsteht nun im Lauf unendlicher Zeit der Wunsch, auf diesen Planeten,

auf diese Erde zu kommen. Dieses Wesen, also du, fängt nun an, sich mit diesem Mensch-Sein zu beschäftigen. Du beobachtest, was Leben auf dieser Erde bedeutet.
Du siehst, dass du nicht einfach als Wesen dort leben kannst, sondern dich – gleichsam bekleidend – in einem Körper einrichten musst. Du erkennst, dass du dort nicht beziehungslos bleiben kannst, sondern dass du dich vom Moment deiner Empfängnis an auf jemanden beziehen musst. Und du siehst, dass dich dieses Beziehen abhängig von der Bereitschaft anderer Wesen macht, sich ihrerseits auf dich einzulassen. Gleichzeitig erkennst du, dass aus diesem Bezogensein die Chance entsteht, in Kommunikation und Verbindung mit anderen Fragen zu beantworten, die du allein nicht klären kannst.
Nimm an, du hast vor, auf die Welt zu kommen, um auf bestimmte Fragen für dich deine Antwort zu finden, um gewisse Lebensthemen für dich zu klären, um Einsichten und Erkenntnisse zu gewinnen und Eigenarten zu erlösen, die dir bis dahin unzugänglich waren. Du hast bis jetzt in einem Meer von Licht, Grenzenlosigkeit und Leichtigkeit geschwebt, sodass dir der Preis, dich von der Bereitschaft anderer Wesen, von Situationen und Gegebenheiten abhängig zu machen, gering erscheint im Verhältnis zu der Verlockung, dich neu und körperlich zu erleben. Vielleicht gibt es ja Fragen und Themen, die so drängend und dringlich geworden sind, dass du beschließt, dieses Erdenleben zu riskieren.

Nun weißt du durch deine Beobachtungen inzwischen, dass du dich nicht einfach ins Getümmel stürzen kannst, sondern dass es gilt, gewisse Spielregeln einzuhalten: Du musst dir im Klaren sein, welche Themen für dich »dran« sind, und du musst sie in Haupt- und Nebenthemen einteilen, um sie dann manchmal parallel, manchmal aber auch einzeln zu erleben und zu beleuchten. Sobald dir deine Aufgaben klar sind, wirst du dich einstimmen auf die Möglichkeiten von Raum und Zeit, die du auf der Erde vorfinden wirst.

Du kannst dir das so vorstellen: Die verschiedenen Perlen, die du in diesem Leben erforschen und begreifen willst, hast du als Kette aufgefädelt, und diese Kette liegt nun im Entwurf vor dir. Jetzt geht es darum, die Perlen auf der Erde am Zeitfaden entlang, eine nach der anderen mit Leben zu füllen. Dabei wirst du immer nur die nächste Perle sehen, als gäbe es die fertige Kette (noch) nicht. Mit diesem Entwurf deiner fertigen Kette kannst du nun ganz konkret werden; das heißt, du wirst dir Verbündete suchen – Wesen, Seelen, Menschen –, die bereit sind, deine Themen mit dir zu bearbeiten, da es in ihrem ureigensten Interesse liegt, die gleichen Themen zu erkunden.

Heißt eines deiner Themen beispielsweise »Macht«, so wirst du Wesen finden, die dieses Thema auf verschiedene Art und Weise für dich spürbar machen:

- Sie können Macht über dich ausüben, um dich so deine Ohn-Macht empfinden zu lassen.
- An einer anderen »Perle« deiner Lebenskette mag es Wesen geben, die dich veranlassen, deine Macht zu gebrauchen oder zu missbrauchen, damit du spürst, wie ohnmächtig du deinem eigenen Machtanspruch gegenüber bist.

Immer wieder wirst du an deinem Zeitfaden mit dem Thema »Macht« konfrontiert. Dazu einige Beispiele:

- Du kannst Macht beispielsweise körperlich als Kind erleben, das von unbeherrschten Eltern machtlos gehalten wird.
- Du kannst sie im Erwachsenenalter erleben als Herrscher(in) eines beachtlichen Imperiums.
- Du kannst Macht passiv in der Rolle des Opfers erleben oder auch aktiv als Täter.
- Oder du bist ein Mensch, der das Thema »Macht« nicht aushalten will und daher die Rolle des Retters übernimmt.

Immer siehst du dich mit Situationen, Menschen und Herausforderungen konfrontiert, die dir die Möglichkeit geben, dich mit deinem Thema zu beschäftigen.

Doch sind wir damit schon beim Erleben, während du im Moment ja noch damit beschäftigt bist, dir Verbündete zu suchen.
Da sind zuerst einmal deine Eltern, die du sorgfältig auswählst, damit du mit ihnen als deine ersten Bezugspersonen keine Zeit vertrödelst. Es drängt dich, deine Themen aufzugreifen, zu beleuchten. Du wirst sehen, ob dir Geschwister manche Facetten noch klarer sichtbar machen und an welchen Stellen deines Zeitfadens genau sie deutlich ins Bild treten.
Du suchst dir Verbündete aus: Großeltern, Onkel oder Tanten, Cousins oder Cousinen, Lehrer und Bekannte, Feinde und Freunde, Söhne und Töchter, Lebens- und Liebespartner, Enkelkinder, Kollegen und Vorgesetzte, Untergebene und Unterlegene. Auch Tiere, Landschaften und Gebäude können eine Rolle spielen.

So schaffst du dein gesamtes Szenario – Leben genannt – mit allen Haupt- und Nebenrollen, mit der Handlung und den Dialogen, mit Bühnenbild und Beleuchtung, mit allen Details und Farben, Perle für Perle an deinem Zeitfaden entlang. Dabei hast du immer im Blick, dass in jedem Akt und bei jeder Szene deine Themen beleuchtet, bearbeitet, gelebt, gespürt und sichtbar gemacht werden. Du bist umringt von interessierten, wohlwollenden, liebevollen Wesen, die dir bereitwillig ihr Mitwirken in deinem Leben zusichern. Sie begegnen dir, um dich zu begleiten, dich zu verärgern oder zu verwöhnen, dich zu behindern oder zu unterstützen, dich zu betrügen oder zu respektieren – auf jeden Fall werden sie dich in irgendeiner Form »berühren«. Nun suchst du dir noch deinen Körper, deinen Gang, dein Geschlecht, deine Sprache und auch, wer den Vorhang letztlich öffnen soll – den wirst du später als deinen Geburtshelfer bzw. deine Geburtshelferin bezeichnen. Und da genau passiert es!

In dem Moment, da du dein Lebensszenario vollends geplant und vorbereitet hast, im Moment deiner Empfängnis vergisst du alles, was du gewählt, vereinbart, für dich ausgesucht hast. Du beginnst dieses Erdenleben, als wäre jeder Augenblick neu und hätte nichts mit deiner Auswahl zu tun; als wäre es Zufall, dass deine Mutter eine schwierige Schwangerschaft erlebt, die dich schon jetzt mit deinem Gefühl von Ohnmacht in Verbindung bringt; als wäre es Zufall, dass du mit einer Zange auf die Welt geholt werden musst, als wäre es Zufall, dass dein Schreien nicht gehört wird.

Du wirst Perle für Perle deiner Kette in der Art erleben, als bestünden Anforderungen und Zumutungen von außen, denen du hilflos ausgeliefert bist – ohne zu sehen, zu wissen, dass du Perle für Perle deiner Themen durch dein Le-

ben gleiten lässt, *dass dir nur begegnen kann, was dir gemäß ist und was dich weiterführen wird.*
Die Themen, die wir uns als Lebensaufgaben ausgesucht haben, sind tatsächlich Auf-Gaben; das heißt, wir bekommen sie immer wieder in einem anderen Gewand, mit anderer Maske auf einer anderen Ebene präsentiert, bis wir es schließlich gelernt haben, sie vollständig anzunehmen, um sie dann – und erst dann – loslassen und aufgeben zu können.

Bleiben wir noch einmal beim Beispiel »Macht«. Angenommen, du leitest zurzeit ein großes Unternehmen, hast finanzielle Sorgen und politischen Einfluss und findest deinen Machttrip plötzlich irgendwie verwerflich. Du veräußerst alles, gehst in ein Zen-Kloster, meditierst und kehrst mit dem Anspruch zurück, erleuchtet zu sein. Du versammelst Schüler um dich, die du lehrst, zu meditieren und Machttrips zu verachten, und meinst, damit wäre das Thema »Macht« für dich erledigt. Dabei übersiehst du jedoch, dass du dich genau mit diesem Thema beschäftigst, es handelt sich im Moment nur um spirituelle Macht! Schau hin: Solange du etwas verachtest, es verbessern willst oder du vor etwas fliehst, geht es dir mit deinen Themen wie in der Fabel vom Hasen und dem Igel – der Igel ist immer schon da, wie sehr du auch rennst und dich abmühst.

Diese Phantasiereise, die das Erschaffen deiner Lebensgeschichte in ein Bild fasst, soll *nicht dazu dienen, die verschiedenen Themen zu bewerten.* So ist das Thema »Macht« nicht besser oder schlechter als zum Beispiel das Thema »Liebe«. Diese Geschichte soll dir vielmehr Raum für die Erkenntnis bieten, dass das jeweilige Thema im Grunde

gleichwertig, ja gleichgültig ist und dass wir, die wir auf dieser Welt unterwegs sind, alle mit unseren persönlichen Themen beschäftigt sind.
Dieser kleine Ausflug kann dir die Freiheit geben zu spüren, welches deine Starrollen sind, in welchen du dich vertraut und zu Hause fühlst und welche du peinlich zu vermeiden suchst. Beide Möglichkeiten zeigen dir, dass du auf einer heißen Spur bist. Das Vertraute geht dich genauso an wie das peinlich Vermiedene.
Dieser kleine Ausflug kann dich auch erleben lassen, dass es im Leben nicht darum gehen kann, Perlen auszulassen, zu umgehen oder zu vermeiden, sondern dass Leben bedeutet – wenn es mehr sein soll als existieren oder vegetieren –, zu jeder neuen Perle ja zu sagen, am Faden zu bleiben und gleichzeitig davon auszugehen, dass dieser Faden weiterführt, dass er Bewegung, Fort-Schreiten verheißt, nicht statisches Festhalten oder Stillstand.

Praktischer Teil

Zur Einstimmung auf den praktischen Teil empfehle ich dir, zunächst die einzelnen Schritte im Zusammenhang durchzulesen.
Bevor du mit der praktischen Ausführung beginnst, lies den ersten Schritt dann noch einmal und mach dir klar, welches dein individueller erster Schritt sein wird. Wenn du ihn tust, gib dir Zeit zum Verweilen, um aufmerksam deine Lage zu spüren. Lass dir stets die Freiheit zu entscheiden, ob und wann du weitergehen willst.
Erst dann lies den nächsten Schritt, verdeutliche ihn dir und führe ihn aus.
Es kommt nicht darauf an, möglichst viel in großen Schrit-

ten zu absolvieren, sondern dich im Umgang mit dir selbst zu erleben: dich zu spüren, dich zu fühlen, zu empfinden, zu hören, zu beobachten, zu entdecken, dich zu kosten und zu schmecken – und dich in jedem Moment anzunehmen. Vielleicht reicht es dir ja für heute, gerade eben deine Lage zu spüren, und du möchtest erst morgen den Faden wieder aufnehmen und einen winzigen Schritt weitergehen, um dann in ein paar Tagen fortzufahren.
Verwende diese praktischen Vorschläge also nicht wie ein Übungsprogramm, das du absolvieren oder hinter dich bringen musst. Betrachte sie vielmehr als kostbare Augenblicke, in denen du dir deiner absolut und mit all deinen Sinnen gewahr bist, in denen du dir deine ungeteilte Aufmerksamkeit schenkst. Ich empfehle dir, den praktischen Teil immer wieder neu auszuprobieren. So kannst du erfahren, wie deine Sensibilität und Wahrnehmungsfähigkeit zunehmen und differenzierter werden; zugleich bietet sich dir auch die Möglichkeit, dir immer wieder neu zu begegnen.

Sein Lebensthema erkunden

Halte einen Moment inne und überlege dir, welche Themen du als die deinen erkennen kannst, zum Beispiel:

Krankheit	Heilen
Hass	Liebe
Schönheit	Erbärmlichkeit
Sinnlosigkeit	Wert
Konflikt	Harmonie
Ohnmacht	Macht
Hilflosigkeit	Einfluss

Mangel	Fülle
Achtung	Gleichgültigkeit
Verachtung	Würde
Wahrhaftigkeit	Täuschung

Es gibt mehrere Möglichkeiten für dich, deinen Themen auf die Spur zu kommen. In der Regel handelt es sich dabei nämlich um

- Themen, die dich besonders abstoßen,
- Themen, die dich besonders langweilen,
- Themen, die dir besonders liegen.

Jede deiner Reaktionen kann dich hellhörig machen für ein Thema – für dein Thema. Wie beim Beispiel Opfer-Täter-Retter vorhin sind nämlich alle drei am gleichen Thema beteiligt, auch wenn die »drei Seiten« dieser Medaille ganz unterschiedlich aussehen.

Diese Reise in deine Entstehungsgeschichte kann dir sichtbar machen, dass du mit aller Überzeugung deinen Part spielst, dass du dich vielleicht auch manchmal auf die Bühne des Lebens gezerrt oder an die Wand gespielt fühlst. Hinter all den Aktionen, Bildern, Kulissen und Masken kann in dir die Idee oder auch die Vision auftauchen, dass du mehr bist als ein Schauspieler, der auf seinen Einsatz oder auf sein Stichwort warten muss, um dann seine Rolle abzuspulen.
Du kannst dir erlauben, dazu einige Betrachtungen anzustellen:

- Will der Mensch, der dir hartnäckig im Weg steht, dich vielleicht lehren, mit ganz besonderen Formen deiner Ohnmacht in Kontakt zu kommen?

- Will er dir deine Ungeduld demonstrieren oder deinen Mechanismus, auf Druck mit noch mehr Druck zu reagieren, anstatt es mit Nachgeben zu probieren?
- Oder könnte dein Weg nicht vielleicht ganz anders verlaufen, sodass du gar nicht an diesem Menschen vorbei musst – oder was auch immer dir in den Sinn kommen könnte?

Deine Antwort, deine Lösung kann dir in dem Moment einfallen, wenn du nicht mehr alle Kraft und Aufmerksamkeit auf diesen projizierten Feind lenkst, sondern dir folgende Gedanken machst:

- Was ist dein Thema?
- Was wird in dieser speziellen Konstellation für dich erlebbar?
- Was könnte diese Konstellation dir zeigen?

Nimm dir ein paar Minuten Zeit, um an deinem Lebensfaden entlang zurückzuschauen:

- An welchen Stellen kannst du jetzt rückblickend erkennen, dass sich eine Situation oder Begegnung, die damals wie der völlige Zusammenbruch aussah, als Neubeginn entpuppt hat?
- Was hat dir Gelegenheit gegeben, dich neu zu erleben?
- Welche Situationen und Begegnungen waren dir so unerträglich, dass sie schließlich eine Kraft und Kreativität in dir geweckt haben, die du vorher nicht kanntest?
- In welchen Fällen haben Herausforderungen und

Widerstände dich klarer sehen lassen, was du tatsächlich willst und was nicht?

- Wenn du an deinem Zeitfaden zurückblickst, gestatte dir die Erkenntnis, wann du mit Menschen, Umständen, Tieren und Situationen konfrontiert warst, die dir immer wieder dein Thema gespiegelt haben.
- Du kannst dir diese »Perlen« einfach anschauen und dich dann von wichtigen Phasen deines Lebens verabschieden.

Vorsicht, Falle!
Du sollst hier tatsächlich nur betrachten, also nicht bewerten, und zwar weder dich noch deine Mit- oder Gegenspieler. Du kannst davon ausgehen, dass alle Beteiligten – auch du – so agiert haben, wie es aus der damaligen Sicht sinnvoll und schlüssig erschien, nach bestem Wissen eben. Mach also keine Schuldfrage daraus.
Wenn du zu dem Ergebnis kommst, es gäbe etwas zu verzeihen, dann verzeih dir und allen Beteiligten.

Sobald du anfängst, mit der Helligkeit und der Klarheit umzugehen, die aus dieser Phantasiereise entstehen, kann es hilfreich sein, zunächst am Zeitfaden entlang in die Vergangenheit zu blicken, um so deine Themen und Stichworte zu identifizieren. Allmählich wirst du damit experimentieren wollen, dich im Hier und Jetzt umzuschauen. Du kannst ruhig neugierig sein, wie dein Perlen-Fädel-Muster aussieht. Achte auf die Fallen wie Wertungen, Urteile und Schuldzuweisungen. Sie sind so selbstverständlich geworden, dass du womöglich reflexartig hineintappst, ehe du dich versiehst.

Nun noch einmal zur Erinnerung: Nichts und niemand hat Schuld an irgendeiner Situation, an einem Zustand, an einer Unterlassung, an irgendetwas, das dir nicht gefällt. *Es gibt keine Schuld. Du trägst die Verantwortung, das heißt, du stehst dazu, und das ist alles.*

Was der Körper uns mitteilt: Bewusst-Sein

Du hast nun mit der Kraft der Imagination deine Vorstellung kennen gelernt, deine Gedanken zu deinem Lebensentwurf. Nun lade ich dich ein, die Weisheit deines Körpers zu befragen, um dein Bild auf dieser Erde zu begreifen.

- Leg dich dazu auf den Boden. Wenn er dir hart oder kalt erscheint, mach es dir mit Hilfe von Decken oder Kissen bequemer.
- Leg dich auf den Rücken und gib dir Zeit zu spüren, wie du dich auf den Boden einlässt. Gestatte dir, in einen Dialog mit dem Boden zu treten.
- Kannst du fühlen, dass der Boden dich einlädt, dich niederzulassen?
  Wie spürst du deine Bereitschaft, diese Einladung anzunehmen?
  Besteht ein Unterschied, wie deine rechte Seite sich unterstützen lässt und wie deine linke Seite?
- Ist dein Rücken bereit, sich tragen zu lassen? Und dein Becken?
- Wie eben fühlst du den Boden? Oder kommt er dir schief vor? Oder stufig?
  Empfindest du ihn als hart oder als bequem?

- Welche Stellen deines Körpers signalisieren dir welche Eigenschaften des Bodens?

Du kannst dich nun noch genauer wahrnehmen:

- Wie empfindest du den Druck deiner linken Ferse?
- Liegt eine Ferse mit mehr Fläche auf als die andere?
- Dann nimm wahr: Wie flächig, wie bequem fühlst du die Lage deiner linken Wade im Vergleich zu deiner rechten?
- Kannst du dir erlauben, deine beiden Körperseiten unterschiedlich zu spüren, oder fängst du an, sie anzugleichen?
- Lass dich erleben, dass du dir dein Bild vom Boden einfach spiegeln lassen kannst und du es entdecken kannst – und zwar ohne etwas daran zu bewerten, zu beurteilen oder gar zu korrigieren.
- Erlaub dir, dich zu betrachten, ohne den Zwang, irgendetwas tun zu müssen.
- Lass dich mit deiner Aufmerksamkeit weitergehen, um zu spüren, wie groß du den Raum zwischen deiner rechten Kniekehle und dem Boden empfindest und wie den Raum hinter deiner linken Kniekehle und dem Boden.
- Wie liegt dein rechter Oberschenkel? Berührt er den Boden?
  An welcher Stelle nimmst du wahr, wie er aufliegt und mit wie viel Druck, mit wie viel Fläche?
  Wie spürst du die Lage deines linken Oberschenkels?
  Vergleiche: In welcher Art liegt dein rechtes Bein in seiner ganzen Länge da – wie liegt dein linkes?
  Nimmt eines deiner Beine die Unterstützung des Bodens deutlicher an?

Kommt dir eines länger vor oder weiter nach außen gedreht? Oder bequemer? Oder als läge es ein Stück tiefer?
Oder erscheint dir eines wärmer?
Ist dir eines »näher«, bewusster?

- Wie leicht kannst du dir erlauben, deine Lage zu entdecken – und zwar ohne den Zwang zu verändern, zu korrigieren oder auszugleichen?
- Nun geh mit deiner Aufmerksamkeit weiter zu deinem Becken: Nimm wahr, an welcher Stelle es am Boden aufliegt.
  Liegt es bequem auf einer Fläche, oder bohrt sich ein Punkt gleichsam in den Boden?
  Nimmst du einen Unterschied wahr, wie du deine linke Beckenseite und wie du deine rechte spürst?
- Wie vertraut ist es dir, dich zu spüren?
  Heißt für dich, dich zu spüren, Schmerz zu empfinden?
  Kannst du dich auch im Wohlgefühl spüren?
  Wie leicht kannst du dir Aufmerksamkeit schenken?
- Nun geh mit deiner Wahrnehmung zur Rückseite deiner Taille, um dich empfinden zu lassen, wie viel Raum hier zwischen dir und dem Boden ist.
  Spürst du diesen Raum warm?
- Lass deine Aufmerksamkeit nun weiter in Richtung Kopf wandern. Auf welcher Seite kommt dein Rücken zuerst wieder in Kontakt mit der Erde?
  Wie breit, wie flächig liegt diese Seite des Rückens auf dem Boden?
  Spürst du dein Schulterblatt aufliegen? Liegt es bequem und flach da, oder fühlt es sich an, als läge es auf einer Falte?
  Vergleiche nun die Lage der anderen Seite deines

Rückens und lass dich entdecken, wie unterschiedlich deine beiden Rückseiten dem Boden anvertraut da liegen.
Wie unterschiedlich nimmst du sie wahr in der Größe, in der Wärme, in der Breite, in der Deutlichkeit?

- Dann geh mit deiner Wahrnehmung zu deinen Armen.
Welchem hast du zuerst deine Aufmerksamkeit geschenkt? Ist es der Arm deiner »Lieblingsseite«?
Oder hat dich Unbequemlichkeit oder Schmerz auf diesen Arm aufmerksam gemacht?
Wie liegt dieser Oberarm da?
Wie spürst du den Ellbogen dieses Armes?
Wie bequem liegt dein Unterarm? Wie viel Raum ist zwischen Handgelenk und Boden vorhanden?
Liegt die Hand mit der Handfläche oder mit dem Handrücken auf?
Sind die Finger dieser Hand gebeugt, zur Faust geschlossen oder gestreckt?
Liegt deine Hand leicht da, oder drückst du sie auf den Boden?
Wie groß ist die Entfernung zwischen deinem Körper und deinem Arm, deiner Hand?
- Nun schenke deinem zweiten Arm deine Aufmerksamkeit.
Lass dich entdecken, ob ein Unterschied besteht.
Sei dir bewusst, an welchen Stellen du dazu neigst, ausgleichen oder korrigieren zu wollen.
Wie machst du dir die Unterschiedlichkeit deiner beiden Seiten bewusst?
Lass dich spüren, dass jede Seite ihre eigene Lage und Qualität hat.
- Nun geh mit deiner Aufmerksamkeit zu deinem Na-

cken. Nimm wahr, ob du ihn locker oder verspannt findest.
Wie spürst du seinen Abstand zum Boden?

- Dann kannst du entdecken, wie dein Nacken deinem Kopf erlaubt zu liegen,
Zieht er ihn etwas aus der Mitte, oder ruht dein Kopf genau auf dem Hinterkopf?
Mit wie viel Druck, mit wie viel Fläche liegt dein Kopf auf dem Boden?
Lass nun deinen Kopf ganz behutsam ein wenig zur Seite rollen und beobachte: Welche Seite hast du spontan gewählt?
Rollt dein Kopf so zur Seite, als wäre der Boden schräg und abschüssig?
Wie leicht und rund rollt er zur Mitte zurück?
- Dann lass deinen Kopf zur anderen Seite rollen und vergleiche:
Wie leicht, wie rund spürst du die Bewegung auf dieser Seite?
Achte darauf, dass du den Kopf tatsächlich rollen lässt, ohne Anstrengung und Mühe, einfach um den Boden über deine beiden Seiten zu befragen.

Du kannst das Bild, das dir die Erde zu deiner Lage spiegelt, nun bewusst wahrnehmen und in dein Bewusstsein einsinken lassen, ohne es aber »behalten« zu müssen. Wenn du magst, kannst du diesen Vorgang wiederholen, um festzustellen, wie leicht oder schwer es dir fällt, dir deine Lage bewusst zu machen. Du gelangst zu der Einsicht, auf welche Weise sich dein Bezogensein zur Erde, zum Raum und zur Schwerkraft ständig verändert. Du kannst wahrnehmen, wie du dich fühlst, zum Beispiel nach einem hektischen Tag oder aber nach einem erholsamen

Schlaf, nachdem du Ärger hattest oder etwas besonders Erfreuliches und Angenehmes erlebt hast.
Wir neigen immer wieder zu der Behauptung, die Welt, eine Situation oder ein Mensch »ist« so oder so. Deshalb ist es nützlich, mit Hilfe des Bodens, also der Wahrnehmung der Erde, zu erkennen, dass das, was wir für »unsere Lage« halten, in Wirklichkeit unser Ver-Halten dem Boden gegenüber ist und dass sich dieses Verhalten ständig wandelt und aktuell spürbar wird.
Dieses kleine Spiel mit dem Wahrnehmen deiner Lage bzw. mit dem Wahrnehmen, was der Boden dir reflektiert, kann dir zu der Erkenntnis verhelfen, wie unterschiedlich du zu verschiedenen Zeiten bereit bist, dich von der Erde tragen und stützen zu lassen. Außerdem wirst du feststellen, wie deine Bereitschaft, dich der Erde anzuvertrauen, sich verändert.

Von der Geburt bis zum aufrechten Gang

In diesem Kapitel kannst du erkennen:

- dass du ständig in Beziehung mit deiner Umwelt stehst,
- dass Leben Auseinandersetzung bedeutet,
- dass du als kleines Kind rückhaltlos gelernt hast, dich zu entwickeln und eigenständig zu werden,
- dass du Liebe mit Lieb-Sein verwechselt hast,
- dass weder deine Eltern noch du Schuld haben,
- dass du deine Vielseitigkeit neu entdecken kannst,
- wie du die Kraft deiner Visualisierung in der Leichtigkeit deines Tuns wahrnehmen kannst,
- wie dein Dich-Wahr-Nehmen deine Lage verändert.

Du hast also den Weg durch den engen Tunnel angetreten und überlebt. Oder falls eines deiner Hauptthemen mit Manipulation zusammenhängt, hast du dich vielleicht per Kaiserschnitt entbinden lassen. Nun machst du deine ersten Erfahrungen des Getrenntseins, der Isolation in deinem Körper. Du spürst, wie rau und kalt sich die Luft-Welt für dich anfühlt, nachdem du dich so behaglich in der Wasser-Welt eingerichtet hattest. Und du merkst, dass du jetzt selbst atmen musst. Du empfindest Berührungen und erkennst sehr schnell, dass Leben Kommunikation bedeutet.

Du stehst in deinem Leben ständig in Beziehung:

- zur *Luft*, die dich warm oder kalt, angenehm oder unbehaglich umgibt, die du ein- und ausatmest,
- zur *Schwerkraft*, die dich in deiner Lage hält,

- zu *Geräuschen* und *Bewegungen*,
- zu *Menschen*, die dich berühren, tragen, heben, halten, bewegen, streicheln, füttern, liebkosen, wiegen.

Vielleicht erlebst du deinen Eintritt in diese Welt ja anders, als du es erwartet hattest.
Vielleicht hattest du sogar schon damals Erwartungen.

Der Mund als Tor zur Welt

Sehr bald entdeckst du deinen Mund als Tor zur Welt. Womöglich hast du dir Geburtshelfer ausgesucht, die dich mit einem Klaps auf dein Hinterteil auf dieser Welt begrüßt haben? Dann hast du sicher deinen Mund benutzt, um gegen diese Art von Behandlung schreiend zu protestieren. Aber vielleicht hast du dir ja sanftere Helfer gewählt und nun machst du eine ganz andere Erfahrung mit deinem Mund: Er erforscht die Brustwarze deiner Mutter, wodurch dein Saugreflex angeregt und dir das wohlige Gefühl von Angenommensein, Geborgenheit und Sättigung vermittelt wird.
Stück für Stück nimmst du Besitz von deinem Körper, sammelst all die Informationen, die aus den verschiedenen Bereichen deines Körpers kommen. Du erfährst, dass sich ein ähnliches Lustgefühl wie beim Aufnehmen von Nahrung einstellt, wenn du die unbrauchbaren Reste ausscheidest. Kurze Zeit bringen sie dir die Erinnerung an deine warme weiche Wasser-Welt zurück; dann musst du ja vielleicht deinen Mund zum Schreien einsetzen, wenn sich etwas kalt und weich anfühlt.
Wie sehr du auch damit beschäftigt bist, deine verschie-

denen Körperteile kennen zu lernen und in Beziehung zueinander zu bringen, so bleibt doch dein Mund eine ganze Weile dein Tor zur Welt. Mit ihm entdeckst, erforschst, ertastest, schmeckst und prüfst du alles, was dir an Nahrung angeboten wird und du dir einverleiben sollst, aber auch alles, was du begreifen willst.

Dein Mund dient als Pforte zur Nahrungsaufnahme und ist damit die Quelle für Sättigung und Befriedigung, für Lust und Wohlbehagen. Darüber hinaus ist er in dieser Lebensphase dein wichtigstes Test- und Tastorgan und ein Mittel, um in Kontakt zur Umwelt zu gelangen.

Bevor deine Hände diese Funktion übernehmen, sondierst du deine Umwelt mit Hilfe deines Mundes. Er erkennt rau und glatt, hart und weich, rund und eckig. Selbst wenn deine Hände anfangen, deinen Aktionsradius zu vergrößern und die verschiedenen Gefühlsqualitäten zu melden, bleibt der Mund immer noch die Kontrollinstanz, die diese Informationen der Hände bestätigt, korrigiert oder differenziert.

Diese Tatsache gilt sogar noch für den Erwachsenen, denn im »Homunculus«, jenem Schaubild also, das die verschiedenen Körperteile im motorischen Zentrum des Gehirns repräsentiert, nimmt der Mund dreißig Prozent der Gesamtfläche aller Schaltstellen ein.

Wenn du so deine Welt mit dem Mund erkundest, wird das von deiner Umgebung schnell als Hunger interpretiert. Deshalb kann es dir passieren, dass du gestillt oder gefüttert wirst, anstatt deinen Mund frei für deine Entdeckungen zu haben und deine Neugier zu befriedigen. So beginnen Missverständnisse, und du wirst ersatzbefriedigt und von deinem eigentlichen Vorhaben abgelenkt. Auch wenn dir jemand einen Schnuller in den Mund steckt, bedeutet dies eine Behinderung des unmittelbaren Erlebens. Mit deinem Eintritt in die Welt hast du angefangen, dich ständig in Beziehung zu setzen, dich in einem unablässigen Dialog auf deine Umwelt zu beziehen.

Den Dialog mit der Umwelt aufnehmen

Mittlerweile nutzt du deine Sinne und deine Bewegung, um dich immer neu und in anderen Zusammenhängen zu erfahren und zu erleben. In welchem Maß du von deiner Umgebung in deinem Streben nach Unabhängigkeit und Selbstständigkeit unterstützt wirst, hängt ganz davon ab, wie deine Eltern dir erlauben, deine Entwicklung zu erleben. Alle Impulse, dich zu entwickeln und Stück für Stück zu wachsen, liegen in dir. Deine Eltern brauchen dir nur zu gestatten, diese Anlagen zu entwickeln. Es reicht also aus, dir die Gelegenheit zu geben, die Erde im wahrsten Sinn des Wortes kennen zu lernen, das heißt, dich auf den Boden zu legen.

Oft haben Eltern jedoch so viel Angst, ihr Kind könnte etwas nicht zustande bringen, falsch machen oder nicht zum richtigen Zeitpunkt oder mit der verkehrten Seite vollführen, dass sie gar nicht so sehr darauf achten, was sie alles anerkennen, bewundern und loben könnten. Sie sind so verunsichert, dass sie nur argwöhnisch lauern, wo vielleicht etwas nicht in die Norm passt.

Normalität ist – bewusst oder unbewusst – oft das höchste Erziehungsziel von Eltern. Doch wenn du im Hinterkopf den Gedanken aufsteigen fühlst: »Was wäre ich für ein toller Hecht geworden, wenn ich nur die richtigen Eltern gehabt hätte«, dann sei dir bewusst, dass du mitten in einer der häufigsten und beliebtesten Fallen steckst.

Du kannst immer davon ausgehen, dass Eltern mit ihren eigenen Themen in diesem Leben unterwegs sind und dass sie dich nicht aus Bösartigkeit oder Arglist an diesem gehindert und um jenes gebracht haben. Sie haben dich vielmehr in der Art erzogen, von der sie zu dem aktuellen Zeitpunkt geglaubt haben, sie sei dir dienlich und zuträglich.
Es mag schon sein, dass sie »Fehler« in dich projiziert und dich »erzogen« haben, um dir vermeintlich Schwierigkeiten zu ersparen; möglicherweise haben sie auch versucht, dir Eigenschaften anzutrimmen, die mit deinem Wesen nichts zu tun hatten. Sei dir jedenfalls stets bewusst, dass auch Eltern Menschen sind – mit dem Recht, fehlbar und unzulänglich zu sein, mit dem Recht, zu wachsen und reifer zu werden.

Die Erde als Erkundungsfeld

Wir sind davon ausgegangen, dass du auf die Welt gekommen bist, um »auf die Erde« zu kommen, weil der zuträglichste Lebensraum für dich als Baby nämlich der Fußboden ist. Auf ihm lernst du, an Sicherheit zu gewinnen. Deine ersten Experimente, um deine Lage selbst zu bestimmen, kannst du hier wagen; es besteht keine Gefahr, irgendwo herunterzufallen. Deine neue eigenständige Bewegung gibt dir also die Möglichkeit, deine Lage zu verändern.

Auf dem Rücken liegend, spielst du mit deinen Händen, entdeckst sie und bringst sie in Beziehung zu deinem Mund. Bald fängst du an, mit einer Spiel-Sache zu hantieren, um sie in den Mund zu stecken. Plötzlich fällt sie dir

aus den Händen. Auf dem Boden hast du nun Gelegenheit und Spiel-Raum, dich so lange zu drehen und zu winden, bis du auf einer deiner beiden Seiten landest. Du betrachtest die Welt aus dieser neuen Perspektive und lernst so vielleicht deine Füße kennen. Du siehst sie zappeln, und da sie dich interessieren, versuchst du, nach ihnen zu greifen. Bei diesen Bemühungen rollst du vielleicht wieder auf den Rücken und bist erneut fasziniert von deinen Entdeckungen. Du spielst mit deinen Füßen. Da rollst du plötzlich auf die andere Seite, und du erlebst deine Viel-Seitigkeit wie auch die Faszination der verschiedenen Blickwinkel.
Vielleicht rollst du mit so viel Schwung, dass du auf deinem Bauch landest und zu deiner Überraschung noch etwas ganz anderes zu sehen bekommst. Anfangs mögen dir diese vielfältigen Möglichkeiten ja noch eher zufällig passieren. Doch allmählich, wenn du diese Erfahrungen überschlafen und verarbeitet hast, lernst du, dich bewusst zu dem Ziel hinzudrehen, das dir gerade erstrebenswert erscheint.
Du merkst, dass du mit deiner Fähigkeit zu rollen ganz schön weit herumkommst. Du entdeckst, dass du dich im Raum orientieren und bewegen kannst.

Nachdem dir inzwischen auch klarer geworden ist, wie du deine Hände gebrauchen kannst, fängst du an, dich ernsthaft für die Entdeckung des Raumes zu interessieren. Deine Hände weißt du inzwischen schon recht geschickt einzusetzen. Du beginnst, mit deinen Spielsachen zu klopfen: auf den Boden und auf alles, was Widerstand bietet. Aus dieser Bewegung lernst du, loszulassen und zu werfen. Diese Fähigkeit deiner Hände nutzt du, um den Raum auszuloten. Das gelingt dir, weil du inzwischen die Funktion

deiner Augen so klar mit der Tätigkeit deiner Hände koordinierst, dass dein Blick deinem Klötzchen auch dann noch folgt, wenn deine Hand es bereits losgelassen hat. Deine Ohren geben dir noch zusätzliche Informationen, und so entsteht dein Bedürfnis, dich dorthin zu bewegen.
Deine Bewegungsorganisation ist mittlerweile so differenziert, dass du dich nicht mehr drehend zu deinem Ziel hinbewegen magst. Du nutzt deine Erfahrungen aus der Phase des Rollens, um deine Fort-Bewegung einfacher zu gestalten: Du verringerst das Rollen zur Essenz der Bewegung: der Gewichtsverlagerung. Du entdeckst das Robben. In dieser Lebensphase bist du noch einig mit dir und der Welt. Das heißt, du experimentierst und probierst mit all deinen Möglichkeiten. Noch bist du nicht bestrebt, bei deinen Bemühungen eine gute Figur zu machen oder »lieb zu sein«. Wenn dich die Topfpflanze am Boden interessiert, setzt du alles dran, um sie auch zu erreichen, selbst wenn deine Eltern in allen Tonarten Nein sagen. Du bist im wahrsten Sinne unschuldig.
Allmählich hast du den Boden ausgekundschaftet, und dich interessiert die nächste Ebene. Also fängst du an, auf allen vieren zu krabbeln. Jede deiner Bewegungsstufen hat dich sicherer und geschickter gemacht bei der Koordination deiner Hände und Füße, deiner Arme und Beine, deiner rechten und linken Körperhälfte. Auch was deine räumliche Orientierung und das Spiel mit deiner Balance angeht, hast du dich stabilisiert.
Aus dem Krabbeln drehst du dich um zum Sitzen, damit du deine Hände frei hast, um auch die kleinsten Kleinigkeiten aufzusammeln.

Dabei gelingt es dir immer besser, dich mit Lauten zu äußern. Ganz klar kannst du Ärger und Ungeduld, Wohlbe-

hagen und Wonne, Neugier und Vergnügen, Schmerz und Unwillen zum Ausdruck bringen. Du erkundest nun krabbelnd den gesamten Lebens-Raum, probierst vielleicht sogar schon gelegentlich, mit den Händen zu einem Hocker oder einer Stufe hinaufzulangen, um deinen Oberkörper aufzurichten.
Zwischendurch kippst du um, stößt dich an und tust dir weh, doch du probierst weiter, an einer anderen Stelle, über die andere Körperseite, in einer neuen Position, unverzagt und darauf vertrauend, dass du es irgendwann schon schaffen wirst. Neugier und Lust auf Experimentieren bewegen dich weiter. Sie lassen dich aufstehen und hinfallen – lernen und neu beginnen.
Du richtest dich immer nur um so viel weiter auf, wie du noch geschickt fallen kannst, wobei du Kopf und Gesicht schützt. Bei jedem Sturz lernst du Neues dazu. Und eines Tages hast du es dann tatsächlich geschafft: Du stehst!
Vielleicht fällst du in dem Moment ja schon wieder hin, als du dich triumphierend umschauen wolltest. Doch auch diese Koordination gelingt dir allmählich: deinen Blick wandern zu lassen, ohne ins Schleudern zu kommen. Du stehst und kannst fallen – und du möchtest noch mehr!

Bald genügt es dir nicht mehr zu stehen – du willst dich fortbewegen. Auf Grund deiner Erfahrungen, die du beim Robben und Krabbeln erworben hast, lernst du nun, dein Gewicht auch im Stand zu verlagern. Deiner Vollständigkeit bewusst, versuchst du, einmal nur das eine Bein, den einen Fuß zu belasten, damit du das andere Bein hochheben und seitlich absetzen kannst, um dann mit dem anderen Bein das gleiche Spiel zu probieren. Du hangelst dich seitwärts um Tische und Stühle, umkreist deine Eltern und gehst an der Wand entlang.

Bald traust du dir zu, den ersten Schritt vorwärts zu setzen. Vielleicht halten dich deine Eltern dabei zunächst noch an der Hand, aber sehr bald löst du auch dieses Stück Abhängigkeit und beginnst deinen aufrechten Gang in deine Eigen-Ständigkeit.
Da du ständig im Dialog mit deiner Umwelt stehst, kannst du deren Antwort wahrnehmen. So erfährst du, dass da eine Wand spürbar wird, die deine Fortbewegung hemmt. Du kannst nun lernen, sie als Grenze zu akzeptieren und mit ihr umzugehen, deine Bewegung in Beziehung zu ihr zu bringen, ohne aber diese Grenze zu bewerten. Du spürst und siehst diese Wand, sie ist weder gut noch schlecht, sie straft nicht und belohnt auch nicht, sie steht einfach da und ist Wand. So weit, so einfach.

Erwartungen, Bewertungen und Schuld

Schwierig wird dein Leben, dein Bezug zur Umwelt erst durch Bewertungen und Erwartungen und damit durch »Schuld«. Schon denkbar, dass Mama es lästig findet, wenn du mit deinen Bauklötzen wirfst, dann bist du »böse«. Oder Papa kann es nicht leiden, wenn du am Fernsehapparat herumspielst; er vermittelt dir das Gefühl, dass du dann »böse« bist, wenn du es unterlässt, bist du hingegen »lieb«. Diese Wertung an sich könnte dir ja gleichgültig sein. Aber leider spürst du ganz deutlich, dass »lieb« und »böse« sich sehr unterschiedlich anfühlen.
Du bist all den verbalen und nonverbalen, handgreiflichen oder sonst begreifbaren Signalen ausgesetzt, die einem Kind Strafe oder Belohnung vermitteln. Deshalb fängst du an, vorsichtig zu werden. Du experimentierst nicht mehr unbefangen aus deinem ganzen Selbst heraus, sondern

versuchst, »lieb« zu sein, es »recht« zu machen, um belohnt zu werden und Bestrafung zu vermeiden. Du fängst an, Erwartungen zu erfüllen, anstatt deinem Bedürfnis entsprechend zu leben. Du stellst dein spontanes Agieren zurück zugunsten von Vor-Sicht und Ver-Halten.

Du hast verstanden: »Ich bin lieb, angenehm und werde somit angenommen, wenn ich das tue und jenes lasse, wie man es von mir erwartet. Ich bin böse, werde ausgeschlossen und abgelehnt, wenn ich nicht tue bzw. lasse, was man von mir erwartet.«

»Man« ist dabei die Person, von deren Zuwendung, Zuneigung, Liebe, Wärme, Zärtlichkeit, Aufmerksamkeit usw. du dich total abhängig fühlst.

Als kleines Kind hast du tatsächlich überhaupt keine Möglichkeit, die Ansichten, Urteile, Meinungen und Reaktionen deiner Bezugspersonen auch nur ansatzweise zu relativieren oder zu objektivieren. In dieser Lebensphase erlebst du die Botschaft »Mama signalisiert, schreien ist schlecht« als absolut. Du kannst sie noch nicht als die persönliche Botschaft deiner Mutter erkennen. Du hast auch keine Wahl, sie zu hinterfragen oder zu prüfen. Du kannst dich nur dazu »verhalten«.

Deshalb verlässt du nun den Zustand der Un-Schuld, des Eins-Seins mit dir. Diese Unverzagtheit, die dich befähigt hat, dich innerhalb kürzester Zeit von einem hilflosen Bündel zu einer eigenständigen Persönlichkeit zu entwickeln, tritt in den Hintergrund. Nun beginnst du, dein Leben der Vor-Sicht und Rück-Sicht, dem Ver-Halten und Gut-Dastehen zu widmen.

Praktischer Teil

Sich wahrnehmen ändert die Lage

Erlaub dir zunächst noch einmal, auf deine früheste Kindheit zurückzublicken, und mach dir bewusst, wie eindeutig und kompromisslos du dich deiner Entwicklung, der Entdeckung deiner Fähigkeiten und deiner Umwelt gewidmet hast:

- Kannst du dir noch einmal deine Neugier und deinen Mut, deine Ausdauer und Unverzagtheit vergegenwärtigen?
- Kannst du spüren, wie kraftvoll und klar dich dein Einssein mit dir gemacht hat?
- Kannst du spüren, welche »Beschlüsse« und Entscheidungen du getroffen hast, die dich von deinem Mut und deiner Kraft, von deiner Kreativität und Unbefangenheit trennen?

Schau noch einmal genauer hin:
Diese Sache, die du deiner Mutter oder deinem Vater so erbittert vorwirfst oder nachträgst:

- Wo hat sie dir, bei näherer Betrachtung, mehr Klarheit über dich selbst verschafft?
- Inwiefern hat sie dich wachsen und reifen lassen?
- Welche Fähigkeiten hast du daraus entwickelt?

Vorsicht, Falle!
Es ist nicht die Schuld deiner Eltern, dass du diese Entschlüsse gefasst hast.
Es ist auch nicht deine Schuld, dass du diese Beschlüsse gefasst hast.

Es ist also nicht gut oder schlecht und auch nicht richtig oder falsch, dass du deine Beschlüsse gefasst hast. Du hast sie in einer Zeit und bei einem Stand deiner Bewusstheit gefasst, als es dir lebenswichtig schien, dich so zu entscheiden. Jetzt kannst du jedoch anfangen, dir deine Beschlüsse bewusst zu machen. Das bedeutet weder, diese Beschlüsse schlecht zu machen, noch dich zu verurteilen. Sie haben dein Leben bestimmt und dir manchmal das Gefühl von Sicherheit vermittelt. An anderen Stellen hast du dich vielleicht eingeengt gefühlt.
Inzwischen bist du jedoch in einer anderen Lebensphase als damals mit zwölf Monaten oder auch mit drei Jahren. Du kannst dir heute, als erwachsener Mensch, deine Beschlüsse bewusst machen, sie als Beschlüsse erkennen und wählen, welche du behalten und von welchen du dich verabschieden willst.

Wie auch immer deine Empfängnis sich vollzogen hat: Kannst du einsehen, dass da niemand war, der dir ein konfliktfreies, behagliches Leben versprochen hat? Und doch ist die Vorstellung, wir hätten genau darauf eine Art angeborenen Anspruch, so verbreitet, dass viele Menschen auf der Jagd nach diesem konfliktfreien, behaglichen Leben versäumen, ihr Leben wirklich zu leben. Deine Entscheidung, auf dieser Erde in deinem Körper zu leben, bedeutet, in Beziehung zu sein. Das kann heißen, dass du Konflikte aushalten, Reibung ertragen sowie mit Unbequemlichkeiten umgehen musst. Anstatt Erwartungen zu hegen und zu fragen: »Was hat mir die Welt bei meiner Geburt versprochen?«, kannst du dir die Frage stellen: »Welches Versprechen bin ich für die Welt?«

Was der Körper uns mitteilt: Körperbild

Lass dich nun deinen Körper fragen, wie du deine Bauchlage findest.

- Leg dich auf den Bauch und nimm wahr, was dir deine Vorderseite über deine Lage, über Härte oder Geborgenheit erzählt, die dir die Erde vermittelt.
- An welchen Stellen scheint der Boden dich zu drücken – oder drückst vielmehr du den Boden?
- Wie spürst du die Lage deiner Fußrücken?
  Liegt ein Fußrücken flächiger und bequemer auf als der andere?
- Wie viel Abstand ist zwischen deinem rechten Schienbein und dem Boden vorhanden?
  Wie spürst du diesen Abstand vom linken Schienbein zur Erde?
- Deine Knie und Oberschenkel – mit wie viel Druck, mit wie viel Fläche liegen sie am Boden?
  Empfindest du sie links und rechts unterschiedlich?
- Nun vergleiche die Länge und Lage deiner beiden Beine:
  Kommt dir eines länger vor?
  Ist eines nach innen gedreht, sodass deine Fußspitzen zueinander zeigen?
  Oder sind beide Beine nach außen gedreht, sodass deine Fersen einander zugewandt liegen?

- Jetzt lenke deine Aufmerksamkeit zur Lage deines Beckens:
  Spürst du Druck zwischen deinem Schambein und dem Boden, oder drückt einer deiner Beckenknochen auf die Erde?
- Liegt dein Bauch auf?
- Wie empfindest du den Kontakt deiner Rippenbögen mit dem Boden?
- Kannst du dort die Bewegung deines Atmens wahrnehmen?
  Erlaubst du dir, deiner Atmung gleichsam zuzuschauen, ohne dabei etwas zu verändern oder zu manipulieren?
  Betrachtest du das Strömen deines Atems wie die Wellen des Meeres, die kommen und gehen, ohne dein Zutun?
- Wie spürst du in deiner Bauchlage deine Brust? Wie nimmst du ihre Lage wahr?
  Spürst du Enge oder Beklemmung?
- Wie spürst du jetzt die Lage deines Nackens?
- Zu welcher Seite schaut dein Gesicht?
- Wie hast du die Lage deiner Arme gewählt?
  Liegen sie neben deinem Kopf oder an deinem Körper entlang?
  Hast du für beide die gleiche Position gewählt?
- Wie bequem, wie vertraut, wie angenehm ist dir jetzt deine Bauchlage?
- Kannst du so liegen, ruhig atmend, dich der Erde anvertrauend?
  Oder spürst du Spannung oder Schmerz, die dich hindern, deine Bauchlage zu genießen?

Falls es dir unbequem ist, lass dich erforschen, ob du deine Bauchlage durch einige kleine Veränderungen verbessern kannst. Probiere aus, wie es ist, deine Arme oder Beine anders zu platzieren, oder wenn du deinen Kopf auf die andere Seite drehst.
Hast du weiterhin Mühe, lass das Bild in dich einsinken, das dir der Boden nun von deiner Vorderseite zeigt.
Erlaube dir dann, dich auf den Rücken oder auf die Seite zu rollen, um dich auszuruhen.
Falls du es dir in der Bauchlage bequem machen kannst, nutze sie, um ein bisschen mit deiner Bewegung zu »spielen«, um dich zu entdecken und neu zu erleben.
Auf keinen Fall solltest du dich jedoch anstrengen oder plagen – oder mechanisch »Gymnastik machen«.

- Nimm nun wahr, zu welcher Seite dein Gesicht schaut.
  Lass die Hand, der du dich mit dem Gesicht zugewandt hast, sich neben deiner Schulter mit der Handfläche am Boden aufstützen, sodass du dich stabil fühlst.
- Lass jetzt das Bein auf deiner »Gesichtsseite« sich leicht nach außen drehen und dein Knie ein kleines Stück am Körper entlang über den Boden zu dieser aufgestützten Hand hingleiten. Dann lass Knie und Bein wieder an ihren Platz zurückrutschen.
  Wiederhole diese Bewegung ein paar Mal, damit du entdecken kannst:
  Wie spürst du dieses gleitende Bein?
  Wo unterstützt du es in seiner Bewegung?
  Wo spürst du diese Unterstützung?
  Beteiligen sich dein Becken, dein Rücken an dieser Bewegung?

Erlaubst du dir noch zu atmen?
Verändert sich das Gleiten des Beines, wenn du dir vorstellst, dass deine andere Körperseite mehr Gewicht übernimmt, damit dein Bein die Freiheit zum Gleiten bekommt?

- Ruhe dich nach einigen Bewegungen aus und spüre deine Bauchlage erneut.
  Was hast du durch deine Bewegungen an deiner Lage verändert?
  Gibt es einen Unterschied, wie du die bewegte Seite wahrnimmst und wie die andere?
- Nun stütze dich leicht auf die Hand, der du dein Gesicht zugewandt hast. Erlaube dadurch deinem Kopf, sich in einer sehr kleinen, behutsamen Bewegung dieser Hand zu nähern – um sich dann wieder in seine frühere Lage zurückzubewegen.
  Wiederhole diese leichte, fließende Bewegung mehrere Male, um zu entdecken, wo du dich in deinem Körper derart unterstützen kannst, dass dieses Gleiten für deinen Kopf und Nacken völlig mühelos wird.
  Wo kannst du Gewicht übernehmen, um deinem Kopf diese Bewegung zu ermöglichen?
- Gönn dir wieder eine Pause und nimm dabei all die Veränderungen deiner Lage wahr, die dir der Boden reflektiert.
- Wenn du Lust hast, mit deiner Bewegung weiterzuexperimentieren, lass das Knie auf der »Gesichtsseite« gleichzeitig mit deinem Kopf näher zu deiner aufgestützten Hand auf der gleichen Seite gleiten und nimm wahr:
  Wo in deinem Körper kannst du dich so unterstützen und beteiligen, dass Knie und Kopf möglichst

leicht aufeinander zu gleiten und wieder in ihre alte Lage zurückfinden.
Spiele einige Male mit den verschiedenen Variationen. Vergleiche zum Beispiel, wie du diese Bewegung spürst, wenn du Knie und Kopf dabei beobachtest.
Wie wird diese Bewegung für dich spürbar, wenn du deine Aufmerksamkeit auf die Rückseite deines Beckens richtest und dir vorstellst, du würdest dort leicht nach hinten gezogen?

- Beobachte außerdem:
  Macht es für dich einen Unterschied, wenn du beim Annähern von Knie und Kopf ausatmest und dann einatmest, während du in deine Mittellage zurückgleitest?
  Wie spürst du die Bewegung, wenn du sie umgekehrt mit deiner Atmung koordinierst?
  Erlaub dir wieder, in einer Lage auszuruhen, in der es dir bequem ist und du dich sicher fühlst.
- Du kannst spüren, was dir die Erde jetzt zu deinem Bild, zu deinen beiden Körperseiten zu »sagen« hat, indem du wahrnimmst:
  Wie spürst du die Seite, die du bewegt hast – wie spürst du die andere Seite?
  Welche Unterschiede spürst du?
  Sind die beiden Seiten verschieden groß?
  Empfindest du eine unterschiedliche Wärme?
  Sind sie verschieden in der Tiefe der Atmung?
  Oder hast du das Gefühl, du nimmst eine Seite deutlicher wahr – dass eine dir mehr »gehört«?
- Bleib in deiner Bauchlage, stütz dich auf deine Hände und dreh deinen Kopf nun zur anderen Seite.

Nimm wahr, was du dadurch in deinem ganzen Körper als verändert empfindest.
Verändert sich deine gesamte Lage?

Bevor du nun anfängst, deine zweite Körperseite zu bewegen, nimm dir Zeit, vorerst in deinen Gedanken die Bewegung für diese Seite vorzubereiten. Das heißt, du machst jetzt nicht einfach bestimmte Bewegungen, sondern erlaubst dir, sie in deinen Gedanken zu visualisieren.

- Stell dir vor, wie du gleichzeitig dein auf der »Gesichtsseite« liegendes Knie sowie deinen Kopf der auf der »Gesichtsseite« aufgestellten Hand näherst und wieder in ihre Mittellage zurückgleiten lässt.
  Spüre nach, wo du in deinem Körper die gedachte, visualisierte Bewegung wahrnehmen kannst.
  Wie kannst du sie mit deinem Atmen verbinden?
  Wie leicht und fließend kannst du sie für dich einrichten?
  Gestatte deinem Körper ganz allmählich, die gedachte Bewegung zum Ausdruck zu bringen, und achte darauf, wie leicht du dir dein Handeln machen kannst, wenn du dir deiner Intention bewusst bist.
- Dann lass dich wieder ausruhen und wahrnehmen, wie du jetzt dein Bild spürst, das dir der Boden zu deiner Lage reflektiert.
  Nimm wahr, wie du jetzt das Atmen auf deinen beiden Seiten spürst.
- Nun richte dir deine Bauchlage so ein, dass sich deine beiden Handflächen neben deinen Schultern aufstützen und dein Kopf behutsam auf der Stirn ruht.
  Stell dir vor, du wirst an der Rückseite deines Beckens am Hosenbund leicht nach rechts unten gezo-

gen; dadurch gleiten dein linkes Knie und dein Kopf etwas zueinander, in Richtung deiner aufgestützten linken Hand.
Allmählich lässt das vorgestellte Ziehen an der Rückseite deines Beckens nach. Dadurch gleiten Kopf und Knie wieder in ihre ursprüngliche Lage zurück.
Jetzt wirst du an deinem Hosenbund behutsam nach links hinten gezogen.
Diese Ziehen lässt dein rechtes Knie und deinen Kopf ein wenig zu deiner aufgestützten rechten Hand hingleiten. Sobald das Ziehen nachlässt, gleitest du wieder in die Mitte zurück.
Erlaub dir einige solche Bewegungen abwechselnd nach links und rechts und beobachte, wie leicht du dieses Gleiten zur einen wie zur anderen Seite empfindest.
Wenn dir eine »leichtere« Seite auffällt: Was macht ihr die Bewegung leichter?
Wo unterstützt du dich deutlicher und wirksamer?
Tauchen Bilder oder Erinnerungen beim spielerischen Umgang mit der Bewegung auf?

- Lass die Bewegung allmählich ausklingen und fühle noch einmal deine Lage:
  Wie spürst du jetzt deine beiden Seiten?
  Wie nimmst du jetzt die Unterstützung der Erde an?
  Wie empfindest du dein Atmen?
  Wo hast du deine Lage mit Hilfe deiner aufmerksamen Bewegung verändert?

Von der Kindheit zur Pubertät

In diesem Kapitel kannst du erfahren:

- wie du gelernt hast, dass deine innere Welt außerhalb von dir existiert, und du vorsichtig wirst,
- wie du die Unerträglichkeit des Getrenntseins durch Anstrengung oder Resignation zu lösen versucht hast,
- wie du deinen Schatten sehen, annehmen und in dein Leben integrieren kannst,
- wie du deine Leitsätze erkennst, damit du sie hast und nicht sie dich haben,
- wie du die Perlen deiner Lebenskette wahrnehmen kannst,
- wie du mit der Kraft deiner Imagination deine Beziehungen erforschen kannst,
- wie du die Kostbarkeit und den Wert aller Ereignisse und Erlebnisse durch deine neue Wahr-Nehmung erkennen kannst.

Dein Wandel seit der Zeit der Unschuld und des Einsseins mit dir selbst vollzieht sich so allmählich, dass du gar nicht spürst, wie viel Kraft und wie viel Lebendigkeit du in deine Beschlüsse investierst; deine Kraft und Kreativität versickern mehr und mehr. Zuerst magst du den Eindruck haben, dass du immer leichter verstehst, was man von dir erwartet, und immer schneller begreifst, was du tun oder lassen sollst. So lernst du, zugunsten von Angenehm-Sein oder Angenommen-Sein, dein Unbehagen zum Beispiel nicht mehr durch Schreien zu äußern, wenn es dir die Botschaft »unerwünscht« bringt.

Die andere Möglichkeit ist, dass du dich widersetzt. Du schreist also weiter, bleibst bei deiner Art, Unbehagen zu äußern – wobei du an Zuwendung verlierst oder Missbilligung erntest. Du lernst, dass es eine Welt außerhalb von dir gibt, von der du getrennt bist, wie sehr du dich auch bemühst dazuzugehören.

Trennung und Ausgeschlossensein

Es ist gar nicht so entscheidend, wie liebevoll, verständig und schonend deine Eltern mit dir umgehen. Du spürst, dass du »du« bist und dass die Umwelt »außerhalb« von dir ist. Du erlebst Getrennt-Sein und Aus-Geschlossen-Sein.
Dieses Gefühl von Getrenntsein ist kaum spürbar, solange du dich mit Mama und Papa eins fühlst. Es wird jedoch schrecklich schmerzhaft, wenn du dich als von deiner Bezugsperson getrennt empfindest. Sie ist die Sonne an deinem Himmel. Wolken und Nebel kannst du deshalb nur mit größten Ängsten und Schmerzen aushalten. So wirst du alles – wirklich alles – tun, was in deiner Macht liegt, um »deine Sonne scheinen zu lassen«. Hast du einmal den Zusammenhang hergestellt, dass dein Schreien mit der Präsenz und der Helligkeit deiner Sonne zusammenhängt, wirst du alles unterlassen, was sie verdunkelt. Machst du also die Erfahrung, dass dein Schreien Bestrafung in irgendeiner Form zur Folge hat, lernst du sehr schnell, dich und dein Bedürfnis zu schreien zu verleugnen, um nur ja den Glanz deiner Sonne nicht zu gefährden.

Dein Leben wird also kompliziert, denn du bist nicht mehr unbefangen. Du musst es jetzt nicht mehr nur dir selbst recht machen, sondern – damit es dir wohl ergeht – musst du es unbedingt auch noch deiner Bezugsperson recht machen.

Das allein wäre für ein kleines Kind eigentlich schon schwierig genug – doch es kommt noch schlimmer: Es kann nämlich Tage geben, da die Sonne einfach sowieso nicht scheint.

Um dieses Bild zu erläutern: Wir haben schon weiter oben festgestellt, dass deine Bezugsperson ein Mensch ist. Es kann also sein, dass dieser Mensch nun gerade mit eigenen Zweifeln und Konflikten, Gefühlen von Uneinigkeit mit sich oder anderen, mit Sorgen oder Schmerzen belastet ist und sich deshalb nicht in der Lage sieht, gerade heute als deine Sonne zu strahlen. Du bewegst dich um deine Sonne und hast als kleines Kind keine andere Möglichkeit, als diese Sonnenfinsternis – das heißt die Verstimmung deiner Bezugsperson – persönlich zu nehmen. Du verstehst nicht, dass diese Verstimmung Gründe oder Ursachen haben kann, die außerhalb von dir liegen. Du beziehst die Verstimmung also auf dich und fängst an, alles zu tun, um diese fürchterliche Finsternis zu bannen.

Es kann dir nun passieren, dass deine Bezugsperson irgendwann aus ihrer Verstimmung auftaucht, deine Bemühungen sieht und dich lobt und anerkennt. Damit ist die Welt für dich wieder heil, und du kommst zu dem Schluss: »Wenn ich mich nur genug anstrenge und mir Mühe gebe, ist alles in Ordnung.« Oder: »Wenn ich ganz ›lieb‹ bin, ist alles gut.«

Die andere Möglichkeit ist, dass deine Bezugsperson so tief in ihre Verstimmung abgetaucht ist, dass sie deine Bemühungen, dein Liebsein, weder sieht noch würdigt. Das könnte dich denken lassen: »Egal was ich tue, es hat keinen Sinn – wie sehr ich mich auch bemühe, es bringt nichts!«

Du hast dich für dieses Leben von Beziehung und Bezogensein entschieden; das heißt, was auch passiert, du wirst

immer Schlüsse und Rückschlüsse ziehen, Beschlüsse fassen. Du bist in dieser Lebensphase damit beschäftigt, Belohnung und Bestätigung nicht mehr nur in dir selbst zu finden und zu bekommen.
Deine Selbst-Genügsamkeit hat ein Ende: Du suchst Bestätigung und Antworten von außen. Das bedeutet, dass du nicht mehr ausschließlich aus eigenem An-Trieb handelst, sondern Dinge tust, um etwas zu bekommen: Du handelst mit dir als Ware. Du willst Anerkennung, Beachtung, Liebe, Süßigkeiten, Aufmerksamkeit, Geborgenheit, Zärtlichkeit, Wärme – was auch immer. Du gibst dich, um belohnt zu werden.

Leit-Sätze und Leid-Sätze

Die Schwierigkeit mit diesen Beschlüssen besteht nun darin, dass du die Entscheidungen in so jungen Jahren getroffen hast, dass du sie nicht als persönliche Entscheidung in deinem Bewusstsein bewahrst, sondern so, als wären sie Tatsachen – als »wärst« du wirklich so oder auch das Leben.

Du hältst diese Beschlüsse inzwischen für deine Eigen-Art und meinst deshalb zum Beispiel:

- Ich kann das nicht.
- Das bin ich nicht wert.
- Es hat doch keinen Zweck.
- Auf mich kommt's nicht an.
- Ich habe sowieso kein Glück.
- Ich kann doch nichts ändern.
- Dazu bin ich zu klein – zu schwach, zu dumm, zu unbedeutend.

- Das kann ich mir nicht leisten.
- Ich muss etwas leisten, damit ich Liebe verdiene.
- Ich darf nicht auffallen.
- Ich muss um jeden Preis auffallen.
- Ich bin groß und stark.
- Ich muss mir Mühe geben.
- Ich bekomme nie genug.
- Das Leben ist zu gefährlich für mich.
- Ich werde nur geliebt, wenn ich funktioniere, Erwartungen erfülle, vernünftig bin.
- Ich tue alles, um nicht verlassen zu werden.
- Ich tue alles, um Beachtung zu bekommen.

Solche Beschlüsse, Entscheidungen oder Leit-Sätze werden deswegen so oft zu Leid-Sätzen, weil sie derart automatisiert und unbewusst sind, dass du sie nur schwer auf Anhieb erkennen kannst. Es lohnt sich deshalb für dich, deine Beschlüsse zu entdecken und sie dir zu Bewusstsein zu bringen. Du verschaffst dir damit die Möglichkeit, mit diesen Beschlüssen neu umzugehen. Solange sie verdeckt und dir gar nicht bewusst sind, gehen sie nämlich mit dir um, führen dich durch dein Leben und bestimmen die Art deiner Wahrnehmung wie auch deine Bewegung, deine Haltung, deinen Selbstausdruck und dein Verhalten. Sie bringen dich immer wieder in Situationen, die dir deine Sichtweise bestätigen; sie sind Vor-Urteile. Sie lassen dir nicht die Wahl, dein Leben in all seiner Fülle zu erfahren, sondern nur als Bestätigung deines Vor-Urteils. In dem Augenblick, da du die Helligkeit und Klarheit der Bewusstheit auf diese verborgenen Leitsätze wirfst, wirst du fähig zu wählen:
Willst du das alte Muster wiederholen – oder einen neuen Weg gehen?

Solange du dich unbewusst von deinen Beschlüssen leiten lässt, verstellt deine Vor-Stellung deine Wahr-Nehmung.

Eine Klientin (32 Jahre) berichtete zum Beispiel: »Solange ich den Leit-Satz: ›Ich bin schüchtern‹ mein Leben bestimmen ließ, bekam ich überall mein Vorurteil über mich selbst bestätigt. In dem Moment, als ich erkannte: ›Ich bin bis jetzt schüchtern durchs Leben gegangen – heute geht es mir darum, zu all diesen Menschen durchzudringen, und ich werde sie erreichen‹, eröffnete ich mir eine Menge neuer Möglichkeiten. Ich machte völlig andere Erfahrungen, die mir Mut gaben und mich kreativ verhandeln ließen. Ich ließ mich nicht abwimmeln, und meine sorgfältig vorbereiteten Argumente waren eigentlich überhaupt nicht notwendig. Offensichtlich sprachen meine Stimme und meine Haltung, mein Auftreten und meine Bestimmtheit für sich – und für mich!«

Auf unserem gemeinsamen Weg möchte ich dir raten, einen Grund-Satz zu beachten: Wenn du auf etwas stößt, das dich durchs Leben begleitet hat, wie beengend oder lächerlich es dir momentan auch erscheinen mag: Hab Respekt vor dir zu jener Zeit, als du diese Wahl getroffen und diesen Beschluss gefasst hast. Damals schien er dir über-lebens-not-wendig. Anstatt dich dafür zu entwerten, kannst du würdigen, dass du diesen Beschluss jetzt als Muster entlarvt hast.
Geh davon aus, dass dies eine Selbsterkenntnis ist, die du den meisten Menschen voraus hast – all denen nämlich, die nicht die geringste Ahnung haben, dass sie von Mustern und Gewohnheiten, Einbildungen und Vorurteilen durch ihr Leben gesteuert werden.
Freu dich also an deiner Entdeckung, selbst wenn sie dir

nicht gefällt. Vermeide jedoch, dich und dein Vor-Urteil zu ver-urteilen.
Du kannst die Sache mit einem Rucksack vergleichen: Bei einer Bergtour magst du dankbar auf ihn zurückgreifen, nachdem du ihn vielleicht zuvor noch auf seinen Inhalt hin überprüft hast. Für einen Konzertbesuch erscheint er dir jedoch kaum angemessen. Indem du ihn für einen Moment abgelegt hast, bist du nun jedenfalls in der Lage zu wählen, wann und ob du ihn tragen willst oder nicht. Das ist alles.

Sicher wirst du immer wieder in die Situation kommen, neue Wege zu gehen. Du erreichst aber auch Lebensphasen, in denen es hilfreich sein kann, um die Schutzfunktion oder die Rückzugsmöglichkeit eines Musters zu wissen; du musst dir das nicht verbieten oder dagegen ankämpfen. Es kann hier nicht darum gehen, dir deine Gewohnheiten mies zu machen oder sie irgendwie abzuwerten. Vielmehr sollst du sie als ein Teil von dir erkennen und annehmen, sie integrieren. Anstatt sie zu bekämpfen, lernst du, durch dein Bewusst-Werden mit ihnen umzugehen; du kannst sie dann nutzen, wenn sie dir dienen, und sie loslassen, wenn du sie nicht mehr brauchst.
Ansonsten kostet es dich nämlich viel Kraft, wenn du die Vorstellung hast, du müsstest Muster und Gewohnheiten, die du als solche erkannt hast, beseitigen. Das ist, als wolltest du deinem Schatten davonlaufen: du kannst rennen, so viel du willst, aber los wirst du ihn nicht. Bleibst du jedoch stehen und siehst ihn dir genau an, wirst du schnell entdecken, dass er sich genau mit dir bewegt, dass er ständig auf deine Bewegung reagiert, dass er gewissermaßen dein Echo ist. Aus dieser Wahrnehmung heraus kannst du Verantwortung übernehmen – wenn du wegläufst nicht.

Praktischer Teil

Auf Vorurteile und Verhaltensmuster neugierig werden

Ich möchte dich nun einladen, neugierig zu werden auf deine Vorurteile, Einbildungen, Leitsätze, auf die vermeintlichen »Gewissheiten«, die dich durchs Leben bewegen. Das gibt dir nämlich die Freiheit, spielerisch damit umzugehen.
Du kannst dir also Phantasien erlauben wie:

- Was kann passieren, wenn ich nicht funktioniere?
- Was geschieht, wenn mein Leitsatz nicht stimmt? Wie fühlt sich das an?
- Spiele mit der Vorstellung, wie du einen Rucksack ablegen und wieder aufsetzen kannst. Erlaub dir so, dein Vorurteil abzulegen.
  Wie geht es dir ohne sein Gewicht, seinen Druck, ohne auch die Vertrautheit, die Gewohnheit, den Schutz?
- Macht es dir Angst, dieses Muster einfach beiseite zu legen?

Vorsicht, Falle!
Ganz entscheidend ist, dass du jetzt nicht in die Falle gerätst: Du kannst diesen »Rucksack« mögen oder hassen, entwerten oder verteidigen. Du kannst dich mit ihm beschäftigen. *Oder du kannst einfach zulassen, dass du du bist.* Du kannst dich fühlen und wahrnehmen ohne diesen Rucksack;
du kannst den Rucksack einfach Rucksack sein lassen und gewahr sein, dass du dich ein paar Atemzüge lang

ohne ihn spüren kannst – mit der Gewissheit, dass er in greifbarer Nähe ist und du ihn dir wieder aufsetzen kannst, wann immer du willst.

Halte jetzt einen Moment inne.

- Taucht ein Bild oder eine Erinnerung auf? Nimm dir Zeit, dieses Grundmuster zu spüren.
- Kannst du erkennen, wie du dich auf das Spiel von Leistung und Schuld, Geben und Nehmen eingelassen hast?
- Kannst du dieses Spiel betrachten, ohne zu werten und zu urteilen?

Wieder geht es nicht darum, Personen, Umständen, Einflüssen, Situationen die Schuld zuzuweisen; das führt dich nicht weiter. Mach dich mit dem Wahrnehmen dieser Gesetzmäßigkeit auf den Weg, um deine Muster, deine Beschlüsse zu entdecken.
Du findest deine Leid-Sätze leicht, wenn du dir in Ruhe die Frage stellst – wenn du dich *der* Frage stellst: *Was steht mir im Weg, meinen Weg zu gehen?*
Lass all die Antworten in dir auftauchen, die für dich sichtbar werden.

Die Perlen deiner Lebenskette

Lass uns noch einmal in deine Kindheit zurückgehen, in deine Geschichte. Du hast nun also innegehalten, um deine ganz persönlichen Leit- und Leidsätze zu finden. Vielleicht bist du ja erstaunt, wie viele sichtbar geworden sind – oder wie wenige, wie auch immer. Jedenfalls wirst

du erleben, dass du, sobald du einmal dein Bewusstsein darauf gelenkt hast, immer mehr und immer neue Sätze entdecken wirst. Du erinnerst dich an die Phantasiereise in die Zeit vor deiner Geburt und weißt, dass bei jeder Perle deiner Lebenskette liebende Wesen bereit waren, dich zu begleiten und zu unterstützen, damit du Klarheit hinsichtlich deiner Lebensthemen gewinnst.
Deine Eltern waren deine ersten Lehrer, deine Begleiter, Trainer, Verbündete, wie du sie auch bezeichnen willst. Jetzt kannst du an dem Faden deiner Lebenskette zur nächsten Perle weitergehen und sehen, was sie dir zeigt. Betrachte also deine Lebenskette:

- Ist das schon deine Kindergartenzeit – oder liegt noch eine Perle dazwischen?
- Geh einen Moment nach innen und schau dir an: Taucht da ein Bild auf? Oder eine Erinnerung?
- Siehst du Beschlüsse, Entscheidungen, die in diese Zeit fallen?
- Wie fühlst du dich?

Du hast jetzt die Lebensphase erreicht, da andere Kinder für dich wichtig werden. Wenn du meinst, für dich waren sie nicht so wichtig, weil du sehr verschlossen und zurückhaltend warst, wechsle einmal die Perspektive: Vielleicht hast du genau deswegen beschlossen, dich zurückzuziehen, *weil* sie für dich wichtig waren. Du hast beschlossen, »anders« zu sein, nicht mitzuspielen, dich zu verweigern.
Ich möchte deine Aufmerksamkeit nun auf die Problematik lenken, die besteht, wenn du das *Gegenteil* getan oder dich verweigert hast. Dann warst du nämlich mit genau dem Thema beschäftigt – nur eben von der anderen Seite. Wir hatten das Beispiel »Täter und Opfer«. Die dritte Seite,

die Rolle des »Retters«, kannst du dadurch einnehmen, indem du so tust, als wäre das überhaupt nicht dein Thema: »Da steh ich doch drüber.«
Wenn du nun also die Perlen an deiner Lebenskette weitergleiten lässt und dir deine Kindheitsbeziehungen betrachtest, kannst du dir folgende Fragen stellen:

- Wo bist du? Bist du Anführer(in)?
  Oder darfst du nicht mitspielen? Bist du Außenseiter bzw. Außenseiterin?
- Wen erkennst du als deine(n) Widersacher(in)?
  Wer ist dein Verbündeter?
- Verprügelst du – oder wirst du verprügelt?
- Oder schlichtest du, um nicht verprügelt zu werden oder um gut und vernünftig dazustehen, anstatt selbst zu prügeln?

Du kannst dich aufmerksam und ohne Eile an deinem Zeitfaden weiterbewegen, um zu schauen:

- Wie fühlt sich dein Lebensgefühl an, wenn du in deine Schulzeit schaust?
  Kommen jetzt deine Sternstunden, weil dein Intellekt gefragt ist?
  Oder wird das Bild trüb, weil du Schwierigkeiten hattest, dich den Normen zu fügen?
  Gibt es neue Beschlüsse und Entscheidungen?
  Oder werden alte Beschlüsse einfach auf die Leistung des Intellektes übertragen?
- Wie siehst du jetzt dein Verhalten Gleichaltrigen gegenüber?
  Wie verhältst du dich Lehrern und Vorgesetzten gegenüber?

Wen hast du zu deinem Freund, deiner Freundin erkoren?
Was magst du besonders an ihm oder an ihr?
Sind es Eigenschaften, die dich auch heute noch anziehen?

- Gibt es eine oder mehrere Perlen, die dir dein Trotzalter anzeigen? Oder fehlen sie?
- Fühlst du Kraft und Durchsetzungsvermögen, Auflehnung, Resignation oder Nachgiebigkeit? Mit wem spielst du deinen Machtkampf? Welchen Schluss ziehst du daraus?

Schau auf deine Lebens-Perlen, die du bis jetzt am Zeitfaden betrachtet und entdeckt hast.

- Erkennst du sie als deine Perlen, die sich immer wieder zu deinem Muster fügen?
- Sind es Perlen, die eine bestimmte Farbe, eine spezifische Form oder Größe haben und auch eine gewisse Reihenfolge aufweisen? Machen sie dir dein persönliches Muster sichtbar?
- Wie fühlst du dich auf deiner Entdeckungsreise durch dein Leben? Gönnst du dir Pausen, um die neuen Erkenntnisse deiner einzelnen Lebensperlen in ihrer Auswirkung auf deinen All-Tag bzw. auf deinen Leb-Tag wahrnehmbar werden zu lassen?

Schau dir an und lass dich wahrnehmen, wie du dich fühlst, wenn du in die Wahrnehmung dieser verschiedenen Lebensphasen und Zeitperlen deiner Lebenskette eintauchst.
Bleib in der Klarheit, dass du hier und jetzt nicht mehr das Kind von damals bist – sondern erwachsen, bewusst, wach,

kreativ und in Kontakt mit deinen Fähigkeiten und der Vielzahl deiner Möglichkeiten. In deinem Lebensdrama bist du nicht nur Zuschauer – du bist gleichzeitig Drehbuchautor, Regisseur und alle Darsteller. Du kannst lernen, dir beim Agieren und Zuschauen zuzusehen.

Phantasiereise ins Land der Beziehungen

Leg dich wieder auf deinen Rücken. Erlaub dir einen Blick auf das Bild zu werfen, das dir die Erde heute von deiner Rückseite reflektiert.

- Nimm wahr: Wie spürst und fühlst du hier und jetzt deine Lage? Wie spürst du deine beiden Seiten?
- Wie fühlst du das Kommen und Gehen deines Atmens?
- Wie bist du in der Lage, dich heute zu betrachten, ohne dich beurteilen, verändern, korrigieren zu müssen?
- Wenn du dich und deine Lage wahrnimmst, erlaub dir, heute auf eine Traumreise zu gehen.

- Stell dir vor, du liegst auf einer Wiese. Du spürst die Wärme der Sonne auf deiner Haut, hörst das Summen von Insekten und das Singen der Vögel, fühlst einen sanften Windhauch über dich streichen und Sonnenlicht auf deinen geschlossenen Augen.
- Behutsam erhebst du dich nun von deinem Fleckchen Erde und schaust dich auf deiner Wiese um. Du siehst die Farben der Blumen und der Schmetterlinge. Du erkennst einen Weg, dem du folgst.

Du spürst Gras oder Steine unter deinen Füßen, siehst Bäume und Büsche, die deinen Weg säumen, und kannst beobachten, ob dir Tiere oder Menschen begegnen.

- Folge deinem Weg bis zum Bach und nimm wahr, ob du auf dieser Seite bleiben oder ihn überqueren möchtest. Gibt es eine Brücke oder kannst du über die Steine klettern? Vielleicht willst du ja schwimmen?
- Magst du vom Wasser deines Baches trinken, um dich zu erfrischen?
- Beobachte dich auf deinem Weg und lass dir Zeit, um deinen Bach kennen zu lernen.
- Setz allmählich deinen Weg fort und schau, wie du dich einem Gebäude näherst.
  Was fällt dir beim Näherkommen auf?
  Wo findest du die Tür?
  Siehst du, wie sie sich öffnet?
  Was fühlst du beim Eintreten?
- Du kannst nun einen Raum erkennen. Nimm dir Zeit, um ihn genauer zu betrachten.
  Wie groß, wie hell ist dieser Raum?
  Ist er leer?
  Wie fühlst du dich darin?
- Nimm wahr, dass deine Eltern hier auf dich gewartet haben. Wie möchtest du mit ihnen Kontakt aufnehmen?
  Wie nah magst du ihnen sein?
- Sei dir klar, dass du diese Begegnung genauso einrichten kannst, dass sie für dich stimmt.
- Du siehst, dass deine Eltern in den Hintergrund treten und neue Besucher auftauchen:
  Menschen, die du bewundert hast,

Menschen, die dich bewundert haben,
Menschen, die du beneidet hast,
Menschen, auf die du eifersüchtig warst,
Menschen, die dir Freundschaft geschenkt haben,
Menschen, die dir ihre Freundschaft verweigert haben,
Menschen, die deine Freundschaft angenommen haben,
Menschen, die dir Vertrauen geschenkt haben,
Menschen, die dein Vertrauen enttäuscht haben,
Menschen, denen du vertrauen konntest,
Menschen, mit denen du einen Konflikt ausgetragen hast,
Menschen, mit denen du einen Konflikt vermieden hast.

- Lass all diese Menschen an dir vorbeiziehen und mach dir bewusst, wie du die Begegnung mit ihnen fühlst.
- Nimm wahr, bei wem du überrascht bist, ihn/sie hier zu diesem bestimmten Thema anzutreffen?
- Bedanke dich bei den Menschen dafür, dass sie dir diese unterschiedlichen Themen erlebbar und erfahrbar gemacht haben und dass du verschiedene Facetten zu den Themen wahrnehmen konntest.
- Dann verabschiede dich allmählich von ihnen.
- Wenn du dein Gebäude jetzt verlässt, schau, ob du die Tür schließen willst.

  Du kannst immer zurückkommen, wenn du das Bedürfnis danach verspürst.
- Mach dich auf den Rückweg und nimm wahr, ob sich die Stimmung oder die Landschaft verändert haben. Verläuft dein Weg oder dein Bach anders? Begegnet dir jemand?

- Komm nun wieder zu deiner Wiese zurück.
- Nimm wahr, wie du zu dir kommst.
  Erlaub dir, in deinem Raum an deinem Platz anzukommen, zu gähnen, dich zu dehnen und zu räkeln, zu erwachen und dich zu orientieren.

Nimm dir noch Zeit zu erkennen, was du von deiner Traumreise mitgebracht hast. Ich empfehle dir, ein paar Notizen zu machen:

- Was ist dir auf deiner Wiese, auf deinem Weg aufgefallen?
- Wie hast du deinen Bach gefunden?
  Was hast du mit ihm, in ihm getan?
  Bist du auf dieser Seite geblieben oder hast du ihn überquert? Wie?
- Gab es etwas Überraschendes an deinem Gebäude?
- Warst du erstaunt über die Menschen, die zu den verschiedenen Themen erschienen sind?
  Wen hattest du erwartet?
  Und ist er/sie gekommen?
  Wen hattest du nicht erwartet, und ist er/sie gekommen?
  Wen hast du erwartet, und er/sie ist nicht gekommen?
- Was war auf deinem Rückweg anders als auf dem Hinweg?
- Wie fühlst du dich jetzt?

Nimm deine Traumerlebnisse einfach wahr und akzeptiere sie so, wie sie sind. So kannst du sehen, wo sie deinen Erwartungen entsprochen haben und wo nicht. Du musst nichts »machen«, weder interpretieren noch psychologisieren. Du kannst diese Traumerlebnisse einfach als Möglichkeit für dich nutzen, um dich neu in deinem Bezogensein zu Situationen und Menschen zu erleben. Nimm sie als Informationen, die dich klarer sehen lassen, wo dir zuvor vielleicht Vorurteile und Erwartungen den Blick verstellt hatten.

Pubertät, Protest und Eigenständigwerden

In diesem Kapitel kannst du entdecken:

- dass dein Wahrnehmen eine aktive Tätigkeit ist, bei der du ständig selektierst,
- wie du gelernt hast, dich in der Polarität von männlich-weiblich einzuordnen,
- was dein Vater mit deinem Manns-Bild zu tun hat,
- was deine Mutter mit deinem Weibs-Bild zu tun hat,
- wie deine Erwartungen dein Wahrnehmen prägen und färben.

»Nicht was wir erleben, sondern wie wir empfinden, was wir erleben, macht unser Schicksal aus«, sagte einst Marie von Ebner-Eschenbach.

Bin ich eine »normale« Frau – bin ich ein »normaler« Mann?

Auf deinem Weg durch deine Kindheit bist du allmählich und unmerklich immer mehr aus dem Gefühl und der Bewusstheit des Eins-Seins mit dir in die Dualität, in die Polarität geglitten. Du bist zwar als Mädchen oder als Junge auf die Welt gekommen, aber bis jetzt hatte das eine eher marginale Bedeutung für dich. Vielleicht hast du ja zu hören oder spüren bekommen, dass du willkommener gewesen wärst, wenn du dir ein anderes Geschlecht ausgesucht hättest. Vielleicht hast du daraufhin versucht, den Stammhalter zu spielen, obwohl du ein Mädchen bist, oder du hast als Junge die Rolle der Tochter ausprobiert.
Bis jetzt ging es allein um die Rollen und die Erwartun-

gen, die in dich gesetzt wurden. Allmählich spürst du jedoch, dass auch du selbst Erwartungen an dich als Frau oder Mann hast. Du interessierst dich für »den kleinen Unterschied« und dafür, ob er wohl groß genug und auch »richtig« ist. Dir wird wichtig, wie du »ankommst«, und du fängst an zu vergleichen. Du erkennst dich als spezifisch weiblich oder männlich, erlebst dich als sexuelles Wesen, das der einen oder anderen Hälfte der Menschheit angehört, und du bekommst Sehn-Sucht nach deiner zweiten Hälfte.

Zu all den Zweifeln, die dich bis hierher begleitet haben, ob du, so wie du bist, auch in Ordnung bist und gut dastehst, ob du die in dich gesetzten Erwartungen erfüllst und somit Zustimmung erntest, schleicht sich nun noch die Frage ein, ob du eine »normale Frau« bzw. ein »normaler Mann« bist, ob du als Frau oder Mann akzeptabel bist.

Dazu gibt es eine Fülle vermeintlicher Normen und Definitionen:

- Ein »richtiger« Mann weint nicht.
- Eine Frau ist häuslich und ordentlich.
- Dies ist unmännlich.
- Jenes ist unweiblich.
- Für ein Mädchen lohnt sich keine aufwändige Berufsausbildung: »Du heiratest ja doch.«
- Als Mann musst du cool sein.

Du hast es schwer, dich in diesem Dickicht von Verhaltensvorschriften zurechtzufinden.

In dieser Zeit des Umbruchs spielt dir dein Körper auch noch alle möglichen Streiche, und es gibt nichts mehr, dessen du dir wirklich sicher sein kannst. Du veränderst plötzlich deine Maße und Proportionen in einer Größenordnung, die dich hier anecken und dort ungelenk sein lassen. Du wirst dir selbst unberechenbar. Deine Körperform verändert sich so rasch, dass es dir schwer fällt, dir selbst vertraut zu bleiben. Deine sexuelle Zugehörigkeit wird deutlich sichtbar und für dich spürbar. In dieser Zeit des Umbruchs, bei all dem Chaos, schreit das emotionale Kind in dir hilflos und erschrocken um Hilfe, um Liebe und um Zärtlichkeit und Angenommensein.

Deine Umgebung ist womöglich genauso überrascht und verwirrt, dass aus dem »neutralen« Kind nun plötzlich eine Frau bzw. ein Mann wird. Keiner wird mehr das kleine Kind wimmern hören. Vielmehr wird man dich auf deine Vernunft, dein Erwachsen-Sein, deine Selbst-Ständigkeit verweisen und dich ermahnen, nicht »kindisch« oder launisch zu sein. Dazu kommt, dass du in deiner Unsicherheit und Irritation oft pampig und aufmüpfig wirst und es dir und deiner Umgebung schwer machst, dich so zu lieben, wie du gerade bist.

Du hast inzwischen gelernt, dir deine Welt einzurichten, bestimmte Erlebnisse auszublenden oder nur mit einem Auge zu sehen und vor manchen Ereignissen gleich ganz die Augen zu schließen. Du hast gelernt, dass du bestimmten Erlebnissen dadurch ausweichen kannst, indem du genügend Angst aufbaust, um sie dadurch »unerreichbar« zu machen. Vor manchen Erfahrungen kannst du die Flucht ergreifen oder dich schützen, indem du sie verachtest. So setzt du Stein für Stein aufeinander, bis eine Wand entsteht, die dich vor der Welt, ja vor dem Leben schützen soll.

Wie Erwartungen unsere Wahrnehmung bestimmen

»Leben ist das, was stattfindet, während du eifrig dabei bist, andere Pläne zu machen«, sagte einmal der Beatle John Lennon.
Wahrscheinlich merkst du gar nicht mehr, wie perfekt du dein Sehen zu einem Akt deiner spezifischen Wahrnehmung gemacht hast. Das heißt, dass du nur genau das deinen Filter passieren lässt, was du wirklich wahrnehmen willst; was nicht in dein Welt-Bild, in deine Welt-Anschauung passt, sortierst du aus. Auf diese Weise richtest du dir deine Welt so ein, dass deine Ein-Bildungen und deine Vor-Stellungen die Art deiner Wahrnehmung derart subtil färben, prägen und bestimmen, dass du die Illusion hast, du würdest die Welt so sehen, wie sie wirklich *ist.* Du kannst nicht mehr erkennen, dass du die Welt so siehst, wie du gewählt hast, sie sehen und wahrnehmen zu wollen.

Lass dich noch einmal einen Blick auf die Inszenierung deines Lebens werfen:
Damals hast du die Wahl getroffen, als männliches oder weibliches Wesen auf dieser Erde zu leben. Du hast dich also damals schon festgelegt. Dann bist du als Mädchen oder Junge auf die Welt gekommen. Dadurch hast du die Linie der Beziehung deiner Eltern zueinander um dein Da-Sein erweitert und damit ihrer Dualität eine neue Dimension verliehen. Du hast das lineare Bezogensein deiner Eltern aus dem Gleichgewicht gebracht und zum Dreieck erweitert. Als Tochter hast du eine Affinität zu deinem Vater und Spannungen zu deiner Mutter eingebracht. Als Sohn bringst du die Affinität zu deiner Mutter und Span-

nungen zu deinem Vater ein. Wir werden nicht »neutral« geboren, sondern sind von der ersten Zellteilung an spezifisch weiblich oder männlich. Unsere Existenz bringt das Gleichgewicht von weiblich – männlich in der Beziehung unserer Eltern zueinander aus dem Lot. Zum andersgeschlechtlichen Elternteil besteht nämlich eine Affinität vom Moment unserer Geburt an. Das gilt immer, egal der wievielte Sohn bzw. die wievielte Tochter du bist. Du bist immer die oder der Besondere, der oder die genau diese Neukonstellation bewirkt, weil nichts in dieser polaren Welt neutral sein kann, auch du und deine Eltern nicht.
Doch geht es hier nicht um eine Schuld-Frage. Es ist ein archaisches Prinzip, das in den Märchen und Mythen aller Kulturen beschrieben wird. Hier geht es vielmehr um die Ein-Sicht, wie diese Voraussetzung dein Sehen und deine Wahrnehmung geprägt hat.
Du weißt, dass die Bezugspersonen deiner ersten Lebensjahre die Sonne an deinem Himmel waren. Das bedeutet, dass du keine Vergleichsmöglichkeit und keine Wahl hattest, sondern für absolut gehalten hast, was sie für dich verkörpert haben. So hast du die ersten Informationen für deine Weltanschauung unreflektiert von deinen Eltern in einer Lebensphase übernommen, als du noch ungefiltert gesehen hast. Diese Informationen haben dann die Filter vor deinem Blick installiert. Vielleicht hältst du es ja nicht für möglich, wie früh du dein Weibs-Bild, dein Manns-Bild für dich geprägt und festgelegt hast. Indem du dir jetzt erlaubst, dir die Frage zu stellen und dich der Frage zu stellen: »Was ist Mann, was ist Frau für mich?«, öffnest du deinen Blick für deine Art der Wahrnehmung.

Für gewöhnlich meinen wir, dass wir einfach sehen, was da ist. Mit deiner spezifischen Sichtweise zu experimentieren versetzt dich in die Lage zu erkennen, dass Sehen und Wahrnehmen aktive Tätigkeiten sind, bei denen es um Nehmen und Auswählen, um Filtern und Passierenlassen geht. So kannst du feststellen, wie sehr deine Art zu sehen von deinen Erwartungen geprägt wird.

Vorsicht, Falle!
Was es uns so schwer macht, im Hier und Jetzt zu leben, das heißt im gegenwärtigen Augenblick zu sein, ist, dass wir fast ständig mit unseren Erwartungen beschäftigt sind. Damit versuchen wir, durch Erfahrungen aus der Vergangenheit die Zukunft sicher und berechenbar zu machen. Wir lassen uns jedoch so das Erleben der Gegenwart entgehen.

Diesen Mechanismus kann man sich so vorstellen: Wir tun so, als könnten wir Situationen und Herausforderungen kontrollieren, indem wir sie wiederholen. Dabei verpassen wir die Gelegenheit zu erkennen, dass wir in jedem Augenblick frei sind, uns neu zu entscheiden und dem Moment entsprechend zu wählen, der einzigartig vor uns auftaucht.

Meist sind wir jedoch mit unseren Erwartungen so beschäftigt, dass wir diese Wahlmöglichkeit überhaupt nicht nutzen, sondern befangen und gleichsam blind und taub in unseren alten Gleisen dahintrotten. Wir geben uns der Illusion hin zu »wissen«, was der nächste Augenblick, die nächste Stunde, der nächste Tag bringen werden. Dieses »Wissen« beziehen wir aus bestimmten Erlebnissen in der Vergangenheit, die wir dann in die Zukunft projizieren.

Wir schaffen uns so Wahr-Scheinlichkeit, anstatt uns Wahr-Nehmung zu ermöglichen. Mit dieser Illusion von

Wirklichkeit gehen wir dann durchs Leben. Wir tun alles, um unsere Erwartungen zu bestätigen und unsere Vorurteile zu untermauern: Wir fokussieren und engen unsere Wahrnehmung ein, damit wir nur ja keine Überraschungen erleben, sondern uns »sicher« fühlen können, dass alles so kommt, wie wir es erwarten und geplant haben. So richten wir uns ein in unseren Illusionen, indem wir uns lieber an das gewohnte Unglück halten, als uns auf das ungewohnte Glück einlassen zu müssen.

Praktischer Teil

Was ist ein Mann – was ist eine Frau?

Um dich aus diesen gewohnten und vertrauten Mustern herauszuwagen, braucht es ganz wenig. Ich lade dich nun ein, dich auf den Weg zu dir zu machen. Du musst weder etwas schwer erarbeiten bzw. aufarbeiten noch deine Eltern verurteilen, entwerten oder ins Unrecht setzen. Du musst dir nicht einmal deine Muster und Vorurteile abgewöhnen oder sie verdammen.

Du brauchst nur deinem Blick über die dir gewohnten Grenzen zu erheben und musst einfach ein bisschen neugierig sein, welche Antworten du findest. Am besten schreibst du alles auf, was dir gerade einfällt, selbst wenn es dir momentan keinen Sinn zu ergeben scheint.

- Bleib einen Moment still und bei der Frage:
  »Wie sind Männer für mich?« Sind sie unzuverlässig, humorvoll, schützend? Oder wie sonst?
  Halte alle Eigen-Schaften in einer Liste fest.

Wenn dir deine Liste vollständig erscheint, lass das Bild deines Vaters vor dir auftauchen. Dann nimm wahr:

- Welche dieser Eigenschaften sind dir an ihm bekannt – welche hast du an ihm vermisst?
  Bist du erstaunt, wie sehr sich die Bilder gleichen?
  Oder gibt es Eigenschaften, bei denen du ins »Gegenteil« ausgewichen bist?
- Falls du deinen Vater kaum oder gar nicht gekannt hast: Hast du dein Manns-Bild danach geprägt, was du vermisst hast?
  Oder hattest du einen Ersatz-Mann, der dir dein Bild vom Mann geliefert hat?
- Falls dein Vater ein brutaler Schläger war – ist dein Manns-Bild ein sensibler Pazifist?

Du siehst, dass das Thema immer gleich bleibt. Du gehst es jetzt einfach einmal von der anderen Seite her an – von der Seite, die du früher wahrscheinlich vermisst hast.
Ich weise dich deshalb immer wieder auf das Grundmuster hin, weil es zunächst verwirrend und immer wieder anders aussieht, bis du dann den »roten Faden« schließlich gefunden hast.

Auf die gleiche Art kannst du erforschen:

- Was sind Frauen für mich?
- Welche Eigenschaften habe ich Frauen zugeordnet?
  Erstelle eine Liste von Eigenschaften, die dir einfallen.
  Sind sie fürsorglich, besitzergreifend, zärtlich, einengend, nährend, manipulierend usw.?
- Lass dich dein Weibs-Bild so unbefangen und un-

zensiert wie möglich zeichnen, ohne vorher zu sortieren, welche Farben du positiv und welche du negativ bewertest.
Erlaub dir, dein Bild genau und differenziert sichtbar zu machen.
Dann betrachte es unter dem Gesichtspunkt, wo es dir Ähnlichkeit mit deiner Mutter – oder die genau entgegengesetzte Eigenart zeigt.

Wenn du dir dein Weibs-Bild bzw. dein Manns-Bild anschaust, sei dir bewusst, dass du innere Bilder betrachtest.

Vorsicht, Falle!
Erliege nicht dem Irrtum, dass deine Mutter so »ist«, wie du sie siehst, oder dass dein Vater so »ist«, wie er dir erscheint.

Wichtig ist, dass du dir klar machst, dass du Vater und Mutter auf eine bestimmte Weise wahrzunehmen gelernt hast. Diese Art der Wahr-Nehmung hat nicht nur dein Erleben von Vater und Mutter bestimmt. Sie wirkt in deinem Leben weiter: Die Themen, die du mit deinen Eltern begonnen hast zu er-leben, beeinflussen und prägen die Beziehungen zu allen Frauen und Männern, die in deinem Leben je aufgetaucht sind und »eine Rolle« gespielt haben oder noch spielen. Es lohnt sich deshalb für dich, dein Bild von deinen Eltern genau und unbefangen zu entdecken und zu betrachten, weil es dir deutliche Informationen über deine Grundthemen liefert.

Indem du erkennst, was du speziell mit deiner Mutter zu »bearbeiten« hattest, hast du den Raum, jede andere Frau in ihrer Eigen-Art und Individualität in dein Leben einzulassen. Du musst sie nicht zum Abbild deiner Mutter machen.

Analog bist du in der Lage, die Männer in deinem Leben in ihrer Einmaligkeit zu erkennen. Sobald du dir klar gemacht hast, was dein Thema mit deinem Vater war oder ist. Du musst dir mit seinem Bild nicht mehr den Blick auf andere Männer verstellen.

Auf den nächsten Augenblick neugierig sein

In diesem Kapitel kannst du erfahren:

- dass Lernen mehr ist als Nachdenken und einen Inhalt zu memorieren,
- dass Lernen bedeutet, deine Vielfalt und deinen Reichtum zu entdecken,
- dass alles, was du brauchst, schon in dir vorhanden ist,
- wie du die Faszination findest, die hinter deiner Angst steckt.

Hermann Hesse sagt in seinem Roman »Demian«: »Heute erkenne ich, dass nichts auf der Welt dem Menschen unangenehmer ist, als den Weg zu gehen, der zu ihm selbst führt.«

Wenn wir vom Lernen sprechen, meinen wir oft nur die akademische Form: das Über-Nehmen bestimmter Wissenschaften, die andere erarbeitet, genormt und nachvollziehbar gemacht und dann so aufbereitet haben, dass dieses Wissen auch weitergegeben werden kann; inwieweit die verschiedenen Inhalte gelernt wurden, lässt sich dann abprüfen.
Doch genau diese Art von Lernen meine ich hier nicht. Es geht mir um das Entwickeln von Fähigkeiten – wie damals, als wir als Kinder aufrecht zu gehen lernten. Diese Art von Lernen ermöglicht es uns, unsere ureigensten Fähigkeiten und Begabungen zu entdecken und zu sehen, was an Weisheit in uns steckt. Dann wird das Leben zu einer Forschungsreise, zu einem Entdeckungsweg mit dem Ziel, dem eigenen Wesen näher zu kommen.
Bei diesem Selbstfindungsprozess betrachte ich es als mei-

ne Aufgabe, dich zu ermutigen, neugierig auf dich zu sein. So kannst du herausfinden, wer du bist. Anstatt Urteile und Wertungen zu wiederholen, die du im Lauf deines Lebens übernommen, verinnerlicht und »geglaubt« hast, kannst du dann hinterfragen, was für dich gültig und zutreffend ist.
Ich sehe meine Möglichkeit, dich zu unterweisen, so: Mit meiner Unterstützung wirst du entdecken, dass lernen mit *entwickeln* zu tun hat, du musst also nicht immer bereits alles wissen oder können.

Im Kokon das Fliegen üben

Bereits die Unterscheidung, wie oft du Wahr-Scheinlichkeit an die Stelle von Wahr-Nehmen setzt, erlaubt dir zu wählen, ob du deine Erwartung, dein Vorurteil leben willst – oder lieber wach und neugierig darauf bist, was der nächste Augenblick tatsächlich bringt.

Eine Seminarteilnehmerin (28 Jahre) hat einmal ihr Bedürfnis, hinsichtlich ihrer Vorstellungen an Sicherheit zu gewinnen, in sehr schöne und anschauliche Worte gefasst. Die Frau hatte sich unbeweglich und erstarrt gefühlt und war im Lauf unseres gemeinsamen Weges immer lebendiger und mutiger geworden. Sie beschrieb das dann so:
«Zuerst hatte ich das Gefühl, ich hätte gar keinen Kern, keine Mitte. Nun spüre ich mich in mir zutiefst lebendig und erlebe die Häute um mich wie eine Panzerung, als wäre ich in einem Kokon und bereit, zum Schmetterling auszuschlüpfen. Ich spüre jetzt einerseits in mir den Wunsch, mich frei zu bewegen und endlich zu fliegen,

andererseits habe ich schon noch Angst, den schützenden Kokon zu verlassen. Ich fühle mich in diesem Moment des Umbruchs, ja des Durchbruchs, wie ein Schmetterling, der im Kokon schon das Fliegen üben und an Sicherheit gewinnen will.«

Ich halte, was die junge Frau beschrieben hat, für eine sehr plastische und farbige Metapher, die den Zwiespalt und die Zweifel sichtbar macht, die uns immer wieder zu Zeiten des Umbruchs und Neubeginns quälen. Sie zeigt, wie wichtig es ist, sich nicht für sein »Raupen-Dasein« abzuwerten oder zu verurteilen, sondern zu sehen, dass es in dieser Lebensphase nicht nur seine Berechtigung hatte, sondern sogar die notwendige Grundlage für die Ent-Faltung darstellte.
Du erkennst dann, dass dein Leben in seiner Fülle und Vielfalt eine Vielzahl von Durchbrüchen und Wandlungen mit sich bringt. Erlebst du diesen Übergang bewusst, kannst du neue Herausforderungen und Entwicklungen leichter annehmen. Sobald du einmal deutlich gespürt hast, wie du diesen Prozess nicht nur *über*leben, sondern bewusst *er*leben kannst, wird dich die Notwendigkeit weit weniger ängstigen, die eine Perle deiner Lebenskette loszulassen, um die Hände für die nächste Perle frei zu haben.

Das einzig Bleibende ist der Wandel

Allmählich spürst du, dass das einzig Bleibende der Wandel ist. An deinem Lebensfaden entlang begegnest du deinen einzelnen Perlen, die trotz ihrer Verschiedenheit die Glieder einer Kette bilden. Du erlebst sie an deinem Zeitfa-

den, indem du sie ganz und gar annimmst, um sie dann ebenso vollständig loszulassen. Aber wirklich loslassen kannst du sie eben erst, nachdem du sie wirklich angenommen hast.
Die Gesetzmäßigkeiten der Wandlungen kannst du mit der Zeit immer besser erkennen. So spürst du den Moment, da dir das Gewohnte zu eng und unbefriedigend wird. Du gerätst dann in Konflikt mit dir selbst, gleichzeitig loslassen und festhalten zu wollen. Du erlebst den Augenblick, da es keine Umkehr und kein Zurück mehr gibt, nur noch die Herausforderung des Loslassens; du erlebst in diesem Chaos das Gefühl der Hilflosigkeit, den Moment, in dem du dich der Situation auslieferst und hingibst. Du erfährst, dass sich genau in diesem Augenblick die Er-Lösung zeigt, der Neu-Beginn, wenn du bereit bist, dich dem Leben anzuvertrauen.
Wir haben derartige Phasen bei unserer Geburt erlebt und überlebt. Und doch stürzen sie uns immer wieder neu in Verwirrung und machen uns Angst. Die Idee, dich selbst zur Welt zu bringen, beinhaltet jedoch auch die Heraus-Forderung, die es tatsächlich bedeutet, dir mit immer neuen, noch ungelebten, unerforschten Anteilen auf die Welt zu helfen.

Ich will hier nicht dem positiven Denken das Wort reden, das die Illusion bekräftigt, das Leben wäre ein Spaziergang durch einen Rosengarten. Vielmehr möchte ich dich ermutigen, deinen Weg auch an den Stellen wach und neugierig weiterzugehen, wenn du eine steile Stelle erreicht hast oder dir eine Durststrecke unendlich lang und mühsam erscheint. Gerade diese Abschnitte deines Weges können dich mit Eigenschaften und Erkenntnissen, mit Fähigkeiten und Einsichten in Kontakt bringen, die dir nie

zugänglich geworden wären, wärst du auf den vertrauten Pfaden geblieben.
Wenn du die Herausforderung vergleichst, die es für dich bedeutet, auf einer verkehrsreichen, leicht zugänglichen Hauptstraße unterwegs zu sein oder in unwegsamem Gelände eine Bergtour zu wagen, wirst du schnell erkennen, dass dich deine Bergtour mit ganz anderen Unwägbarkeiten, Ängsten, Zweifeln und Unsicherheiten konfrontiert. Sie kann dir deine Angst zu fallen oder dich zu verirren, deine Furcht vor einem Gewitter oder einem Kälteeinbruch, deine Zweifel an deinem Durchhaltevermögen, deine Schwindelgefühle und Höhenangst bewusst machen. All das wird dir auf der Hauptstraße nicht passieren. Dort hast du vielleicht eher mit Langeweile oder Ablenkungen zu tun, mit dem Risiko eines Zusammenstoßes, überfahren zu werden oder im Stau zu stecken. Manche Wegstrecken deines Lebens führen vielleicht über gut ausgebaute Hauptstraßen, und andere erscheinen dir gefährlicher – einer Bergtour vergleichbar –, doch genau das macht sie so reizvoll! Wesentlich auf diesen Strecken ist, dass du zunächst dein Tempo reduzierst, dich von der Herausforderung »anhalten« lässt, dich zu orientieren und deine Schritte mit Bedacht zu setzen.

Die Angst, eine Herausforderung

Richte jetzt deine Aufmerksamkeit auf die Personen oder Dinge, Situationen oder Eigenschaften, die dir Angst einflößen. Du wirst feststellen, dass gerade sie dich besonders faszinieren.
Einer unserer Tricks, unserer Wahr-Scheinlichkeit die Illusion von Realität zu verleihen, ist, dass wir uns die Über-

prüfung unmöglich machen oder zumindest erschweren. Es kommen Ängste auf, die uns vor dem Erleben der Situation »schützen«.
Habe ich also zum Beispiel die Angst zwischen mich und ein Gewitter gesetzt, dann lautet mein Vorurteil: »Gewitter sind gefährlich.« In diesem Fall werde ich mein Leben dann so einrichten, dass ich Gewitter möglichst in geschlossenen Räumen verbringe. So »schütze« ich mich vor der realen Erfahrung – und der Erkenntnis, dass es kein Problem sein muss, ein Gewitter im Freien zu überstehen. Auf diese Weise dient das Leben dazu, mein Vorurteil zu bekräftigen und zu bestätigen.
Sobald du entdeckt hast, dass deine Angst oft etwas verdeckt, das besondere Faszination auf dich ausübt, wirst du feststellen, dass du dir mit deiner Angst Möglichkeiten nimmst, die eigentlich für dich reizvoll wären. Du kannst nun herausfinden, dass die ungeheure Kraft, die hinter deiner Angst liegt, genau proportional ist zum Reiz, den die jeweilige Angelegenheit auf dich ausübt.
Deine Neugier und deine Wachheit, dein Interesse an dir und deine Lust, dich in deiner Vielfalt und Einmaligkeit kennen zu lernen und auf die Welt zu bringen, können ebenfalls eine Herausforderung für dich darstellen und deshalb beängstigend auf dich wirken. Sie können dich vor die Entscheidung stellen, ob du eine gute Figur machen und Recht behalten willst mit deinem Vorurteil – oder ob du deinen Weg gehen willst.
Du hättest nie gelernt, dich auf zwei Beinen fortzubewegen, hättest du dich als Baby dafür entschieden, »eine gute Figur zu machen«. Deine Fähigkeit zu fallen konntest du nur um den Preis entwickeln, dass du zeitweise darauf verzichtet hast, »gut dazustehen«.

Es kann passieren, dass du auf deinem weiteren Weg nun entscheiden musst, ob du dir treu sein und dein Leben leben willst oder es bequemer findest, deine Vorurteile und Muster hinsichtlich des Lebens beizubehalten.
Deine Gewohnheiten, Vorurteile, Erwartungen und die daraus entstehende Wahrnehmung neu zu betrachten und zu sondieren hat einen Zweck: dich als Persönlichkeit, als Per-Sona, zu erkennen – nämlich *was jenseits all deiner Muster und Begrenzungen für dich stimmig ist.* Es soll dich ermutigen, dich als die Person in dem Bewusstsein deines unbedingten Liebens-Wertes und deiner Liebes-Fähigkeit anzuerkennen und zu erleben. Damit bringst du dich in deiner Bedeutung für diese Welt zum Ausdruck.

Entdecken, was wir können

Wir sind von der Vision ausgegangen, dass dieses Leben ein Lehr-Stück ist, das dich in Kontakt mit deinen Begabungen und Fähigkeiten, mit deinen Möglichkeiten und Talenten bringt. Dieses Lehrstück zeigt dir, wie du dich auf die Welt bringen kannst – allen Hindernissen und Reibungen zum Trotz – und dich entdecken, zu dir stehen, dich achten und dir treu sein kannst. Kurzum: Du lernst, dich selbst zu lieben.

Wenn wir geboren werden, sind wir völlig eins mit unserem Bedürfnis nach Liebe; das ist so klar und eindeutig, dass wir ohne Liebe nur kurze Zeit überleben könnten. Somit sind lieben und leben relativ identisch für uns.
Im Lauf unseres Lebens lernen wir, für unser Bedürfnis nach Liebe immer elegantere Ersatzbefriedigungen zu finden. Wir lassen uns mit Nahrung abspeisen, mit Ablen-

kungen und Macht, mit Konsum, Prestige, Geld und guten Worten – dir fällt sicher noch mehr in dieser Richtung ein! Indem wir uns abspeisen, zerstreuen und ablenken (lassen), wird unser Grund-Bedürfnis nach Liebe von immer mehr Schichten überlagert, beschwichtigt und erstickt, sodass wir ab und an glauben, wir hätten es tatsächlich befriedigt. Oder wir pflegen die Illusion, ein für alle Mal der Angst vor Einsamkeit, Getrenntheit, Schwäche, Schmerz oder Trauer, vor Not oder Verwirrtheit entkommen zu sein. Irgendein Un-Fall oder Zu-Fall, eine Krankheit oder eine Leidenschaft zeigt uns dann aber oft plötzlich, dass wir nur wieder versucht haben, unserem Schatten davonzulaufen, oder vielmehr dem Licht, das diesen Schatten erst sichtbar macht.

Praktischer Teil

Fragen an uns selbst

Nimm dir jetzt die Zeit, in aller Ruhe die folgenden Fragen zu stellen – oder dich den Fragen zu stellen:

- Was gefällt mir an mir?
- Was mag ich an mir?

Auf diese Weise kannst du entdecken, inwiefern du dich für liebenswert hältst. Es geht dabei nicht darum zu wiederholen, was dich gefällig und annehmbar macht – sondern herauszufinden, was du wirklich an dir schätzt, womöglich um den Preis deiner »Gefälligkeit«. Immer wieder wirst du feststellen, dass dein Leben genau das ist, was du daraus machst. Was machst du also daraus?

- Nutzt du es, um deine Einzigartigkeit, deine Individualität und deine Besonderheit auszuleben?
- Kannst du sehen, dass es auf dich ankommt, auf die einmalige Konstellation von Möglichkeiten, die du bist?
- Erlebst du, dass du einzigartig bist?

Bei jedem Vor-Haben solltest du dir Folgendes bewusst machen:

- Was erwartest du?
- Wie sind deine Gefühle dazu?
- Welche Gedanken hast du dazu?

Durchschaust du deine Erwartungshaltung, bist du offen für folgende Überlegungen:

- Was geschieht tatsächlich?
- Was unterscheidet dein Erleben von deiner Erwartung?
- Kannst du erkennen, welcher Leid-Satz deine Erwartung gefärbt hat?

Lieben = Leben = Lieben

In diesem Kapitel kannst du erkennen:
- Liebe ist buchstäblich und konkret lebensnotwendig;
- Liebe zu erwarten macht Liebe zur Mangelware;
- Lieben macht Liebe zu einer unerschöpflichen Quelle.

Du stellst dir folgende Fragen:
- Was hast du als Kind zum Thema Liebe beschlossen?
- Wie lässt dich dieser Beschluss Liebe heute erleben?

Du kannst erfahren:
- Wie du aus deiner Liebe heraus mit Konflikten umgehen kannst,
- Wie du deinen Nächsten lieben kannst, wenn du gelernt hast, dich selbst zu lieben,
- Wie du Liebe als transformierende Kraft erleben kannst,
- Wie du es lernst, dich vollständig anzunehmen,
- Wie deine Gedanken auf deine Lage, auf deine Bewegung wirken,
- Wie deine Bewegung auf deine Gedanken wirkt.

Von unserer Geburt an sind wir auf der Suche nach Liebe. Damit du den Irr-Weg aus der Klarheit, als Liebe und Leben noch identisch waren, zu den Illusionen der Ersatzbefriedigungen nachfühlen kannst, hilft es dir, dich wieder deiner Vorstellungskraft und Phantasie zu bedienen.
Kurz nach deiner Geburt waren deine Sinnesorgane noch so undifferenziert und die Schaltungen deines Zentralnervensystems so einfach, dass du dein Getrennt-Sein vom Mutterleib, deinen Übergang aus der Welt von Wärme, Wasser, Dunkelheit, von gedämpften, vertrauten Geräu-

schen nur wahrnehmen konntest, wenn sich deine neue Wirklichkeit sehr deutlich oder schmerzhaft von dieser früheren Geborgenheit und dem zugehörigen Wohlgefühl unterschied. Wurden beispielsweise grelles Licht, plötzliche Geräusche und Lageveränderungen, Kälte oder Hunger von dir als störend empfunden, konntest du deine neue Fähigkeit, nach der Geburt selbstständig zu atmen, nutzen, um schreiend deine Stimme zu erheben.

Mit ein paar Symbolen hast du dich jedoch bereitwillig täuschen lassen: Die Brustwarze in deinem Mund gab dir schnell das Gefühl von Sättigung und Befriedigung. Die Nähe deiner Mutter ließ dich wieder die gewohnten Geräusche ihres Herzschlags und ihrer Peristaltik hören – undeutlicher zwar, aber du warst zufrieden.

Es hat dir gefallen, gebadet, gewickelt, gestreichelt zu werden, und du hast angenommen, dass damit die Trennung aus dem Eins-Sein mit der Mutter aufhebbar und aufgehoben sei. Gleichzeitig hast du angefangen, dich für deine neue Um-Welt zu interessieren, deine Gaben und Fähigkeiten zu benutzen, um sie zu erforschen und zu entdecken.

Wir haben schon gesehen, wie du dein Gefühl, mit dir und mit deiner Mutter eins zu sein, allmählich aufgegeben hast zugunsten deines Bestrebens, angenehm und angenommen zu sein. So begann dann der Tauschhandel. Du hast geglaubt, für dein Bestreben, lieb zu sein, würdest du Bestätigung erhalten, für dein Ver-Halten Nahrung und damit Sättigung und Befriedigung.

Dafür hast du dein Bedürfnis zurückgestellt, deinen Mund weiter als Erfahrungsinstrument zu nutzen. Du hast den Ersatz angenommen und die Macht kennen gelernt, die du dadurch über deine Mutter hattest. Du hast gelernt, mit

deinem Verhalten deine Umwelt zu manipulieren, dein Verhalten genau auf die Reaktionen deiner Eltern abzustimmen. Erst später hast du gespürt, wie viel Lebens-Kraft und Lebens-Freude, wie viel Energie, wie viel Lebendigkeit dich dieses Verhalten kostet.
Mit dieser Erkenntnis hast du etwas zutiefst Menschliches vollzogen: du hast angefangen, nach Schuld und Schuldigen für dein Unbehagen, dein ungelebtes Leben, deine ungelebten Fähigkeiten, Möglichkeiten und Begabungen zu suchen. Es war nahe liegend und einfach, die Verantwortung und Schuld für deine Misserfolge und Enttäuschungen auf deine Eltern zu übertragen.
Du bist noch einen Schritt weitergegangen: Um zu vermeiden, dass du jemals wieder eine derartig schmerzhafte Enttäuschung erlebst, hast du den Beschluss gefasst: »Liebe ist gefährlich. Dieser Gefahr werde ich mich nie mehr aussetzen.«

Ist Lieben gefährlich?

Du solltest einmal eine Art Experiment anstellen und mit »normalen«, erfolgreichen, erwachsenen Menschen über das Thema »Liebe« reden. Du könntest zum Beispiel einfach sagen: »Ich liebe dich.« Die Reaktionen, die du ernten wirst, sind erstaunlich. Sie reichen von peinlicher Berührung über Verlegenheit und Hilflosigkeit bis hin zu Abwehr und Aggression. Die Aussicht, eine beglückte, erfreute Gegenreaktion zu bekommen, ist äußerst gering. Denn schließlich gibt es zahllose Gegenargumente, warum du diesen Menschen nicht lieben kannst: weil du ja schon jemand anderen liebst oder weil diese Person nicht liebenswert ist.

Dahinter steht die Überzeugung, Liebe sei ein Kuchen, der in wohl dosierten Portionen verteilt sein will, damit er bis an unser Lebensende reicht.

Ich möchte dich nun anregen, einmal mit folgender Idee zu spielen, nämlich Liebe und Licht miteinander zu vergleichen: Angenommen, du sitzt im Dunkeln und jammerst über die Dunkelheit. Für dein Unwohlsein macht es keinen Unterschied, ob ich mit dir klage oder nicht. Entzünde ich jedoch eine Kerze und bringe dir Licht, kannst du plötzlich sehen. Wenn du deine Kerze an meiner Flamme entzündest, schmälert oder verdunkelt das meine Flamme nicht.
Du kannst also eine beliebige Anzahl von Kerzen mit deiner Flamme zum Leuchten bringen, ohne deiner Flamme, deinem Licht irgendetwas zu nehmen. Diese Metapher kann dir jetzt vielleicht helfen, dir in diesem »Licht« einmal die Liebe anzuschauen, um von dem Bild der Kuchenstücke loszukommen, die du rationieren musst, weil sie ja knapp werden könnten.
Du kennst inzwischen schon einen Großteil der Beschlüsse, die du in deiner Kindheit gefasst hast. Vielleicht hast du ja bereits experimentiert mit dem Aufdecken und Entdecken deiner mächtigsten Muster und Vorurteile. Ich möchte deine Aufmerksamkeit jetzt noch einmal darauf lenken. Zu den besonders heimtückischen und üblen Beschlüssen zählt einer, der am weitesten verbreitet und zugleich am wenigsten wahrgenommen ist: »Liebe ist gefährlich – da muss ich ganz besonders aufpassen.« Dieser Beschluss ist so gebräuchlich, dass wir ihn schwer als solchen überhaupt identifizieren. Selten begegnen wir Menschen, die ihn erkannt haben und tatsächlich ihr Leben und ihre Fähigkeit zu lieben leben.

Dieser unbewusste Beschluss verstellt uns den Blick, und so zementieren wir Stein auf Stein, um die Mauern, die uns umgeben, so sicher wie möglich zu machen gegen alles, was uns eine neue, unverstellte Wahrnehmung von Liebe erlauben würde. Gerade weil wir diesen Beschluss so früh gefasst haben, ist es so schwierig, ihn als Filter vor unserer Optik zu erkennen. Der Schmerz, als wir unser Getrenntsein wirklich gespürt haben, war so groß, die Einsamkeit und Verlassenheit so unerträglich, dass wir schließlich beschlossen, die Tür zur Liebe sorgfältig und endgültig zuzuschlagen.
Manchmal, in seltenen Ausnahmesituationen, wagen wir einen mutigen Blick über unser Getrennt-Sein, über unsere Mauer zu werfen – um dann die Mauern und Wände unserer Mitmenschen zu sehen!

Wir werden mit Mauern konfrontiert, auf denen vielleicht

- das Bild einer besonders schaurigen Droh-Gebärde zu sehen ist
- oder imponierendes Macht-Gehabe,
- oder es handelt sich um eine Fassade von undurchdringlicher Glätte
- oder blendender Schönheit
- oder unverbindlicher Nettigkeit.

Deine erste Reaktion ist wahrscheinlich, dich wieder hinter deiner Mauer zu verschanzen, um dir zu überlegen, wie du deinerseits dein Bild noch ein bisschen aufpolieren oder etwas markanter gestalten könntest – und die Liebe hat keine Chance!

Über die Mauer schauen

Nun ist dir vielleicht jemand begegnet, der dich derart interessiert und neugierig gemacht hat, dass du dich ein kleines Stück vor deine Wand gewagt hast. Ihr trefft euch ohne Mauern und »Waffen« – bis irgendeine Situation eintritt, die dich oder deinen Partner an sein Gefühl des Getrenntseins erinnert, ihm Angst macht und ihn fliehen oder angreifen lässt. Das trifft genau dann deinen schwachen Punkt, deine eigene Angst vor dem Getrenntsein. Und ehe ihr euch verseht, sitzt ihr beide wieder hinter euren Wänden mit dem Gefühl, gerade noch einmal davongekommen zu sein. Euer Vorurteil habt ihr natürlich voll und ganz bestätigt bekommen: »Lieben ist gefährlich!« Wahrscheinlich bekräftigt ihr euren Beschluss, nun aber wirklich nie mehr dieses Wagnis, Liebe genannt, einzugehen.
Dieser Mechanismus ist jedoch nur so lange tragisch, wie er völlig unbewusst abläuft, gleichsam auf Knopfdruck.

Viele Beziehungen funktionieren genau nach diesen Automatismen: Menschen leben zusammen und hausen ganz schnell wieder in ihren inneren vier Wänden, jeder in seinen eigenen.
Manchmal, in einer »schwachen Stunde« – sie kann die reinste Sternstunde sein – begegnen die beiden sich wirklich, auch in ihrer Verletzlichkeit und Fehlbarkeit und lassen tatsächlich Nähe zu.
Es ist hilfreich, dir noch einmal die Gesetzmäßigkeiten des Lebens bewusst zu machen, um dir mit dem Wissen um diese Struktur Halt zu geben. Jeder Übergang, jeder Neubeginn hat etwas von einer Geburt an sich. Immer wieder steht ein bisher unbeachteter, ungelebter Teil von dir vor der Situation, dass du ihn auf die Welt bringst.

Das Beispiel »Geburt« kann dir die entsprechenden Phasen gut verdeutlichen. Du befindest dich in einem Raum und Zustand, in dem du dich sicher und geborgen fühlst. Dann wird es allmählich eng, und du kannst dich nur noch mit Mühe bewegen; überall stößt du an. Doch du bist vertraut hier und kennst dich aus.
Da spürst du, wie der Raum noch enger wird. Er zieht sich zusammen, gerade so, als solltest du vertrieben oder gar umgebracht werden. Du hast nun verschiedene Möglichkeiten, mit dieser Veränderung umzugehen: Du kannst auf stur schalten, dich gegen diese Kraft stemmen; du willst hier bleiben und deine Stellung halten, koste es, was es wolle. Tatsächlich kann dich das dein Leben oder deinen Verstand kosten, wenn dein Geburtshelfer nicht schnell und beherzt genug eingreift und dich auf die Welt holt.

Die andere Möglichkeit ist, dich einzulassen auf das, was »dran« ist: Dann spürst du, dass die Enge immer mehr zunimmt, dass dir dieses Geschehen Angst macht; gleichzeitig bleibst du gewahr, dass du in eine ganz bestimmte Richtung gedrückt und geschoben wirst und dein Weg weitergeht und sich öffnet, wo er zuvor völlig verschlossen schien. Du kannst spüren, wie du dich drehst und wendest, wenn du dich dieser Kraft überlässt, und dass du diese Prozedur nicht nur überlebst, sondern dass sie dich tatsächlich das Licht der Welt erblicken lässt – wenn du es nur geschehen lässt.
Wie bei deiner Geburt alles vorhanden war, um deinen Übergang zu sichern und zu begleiten, kannst du davon ausgehen, dass deine Flügel bei jeder neuen Wandlung »wissen«, wie sie fliegen können, und dass die Luft dich trägt, um noch einmal auf die Metapher von der Schmetterlingspuppe zurückzugreifen.

Liebe als transformierende Kraft

Erlaubst du dir, dem Leben und der Liebe zu vertrauen? Liebe beginnt in jedem Menschen, in jedem Einzelnen von uns. Du kannst an deinem Gegenüber nur das annehmen und lieben, was du in dir entdeckt, angenommen und lieben gelernt hast. Deshalb musst du bei dir anfangen!

Wenn du darauf wartest, geliebt zu werden, kann es sehr lange dauern, bis du die Liebe entdeckst. Du kannst jedoch sofort anfangen, die Liebe zu entdecken, wenn du selbst zu lieben beginnst.

Das Bedürfnis nach Liebe ist in jedem Menschen angelegt, mag er noch so sicher und zufrieden erscheinen. Fang an zu lieben, und du wirst feststellen, dass das auch für dich gilt. Das Bedürfnis zu lieben und geliebt zu werden ist das Grund-Bedürfnis des Menschen schlechthin; es betrifft jeden gleichermaßen, wie Krankheit und Tod.

Manche tragen Masken, die undurchdringlich erscheinen, oder sie geben sich unangreifbar, unberührbar. Sobald du jedoch dein eigenes Bedürfnis nach Liebe erkannt und akzeptiert hast, kannst du hinter diese Masken schauen! Du findest Bestätigung in den Mythen und Märchen aller Kulturen. Sie zeugen von der Ursehnsucht nach Liebe – und nach ihrer transformierenden Kraft.

Eins der Märchen, das diese Sprache der Liebe am deutlichsten spricht, ist der »Froschkönig«, der – kalt, glitschig und hässlich – der Prinzessin einen Handel anbietet: Ich befreie dich von deinem Verlust und Schmerz, dafür will ich weder Reichtum noch Macht, sondern deine Liebe. Für die Prinzessin scheint die Zeit der Begleichung ihrer Schulden so weit entfernt, dass sie schnell einwilligt und dann verzweifelt lamentiert, als der Frosch tatsächlich seine Rechte einfordert. Als sie merkt, dass es kein Entrinnen gibt, erklärt sie sich endlich bereit, ihn zu küssen. Und aus diesem Moment der Liebe kann das Wunder geschehen: Sie entdeckt im Frosch ihren Märchenprinzen.

Es ist diese Wahrnehmung der Liebe als Transformation, die ob unserer Normen fast aus dem Blickfeld geraten ist. Oft begegnet dir »Liebe« nur noch als pervertierte Floskel für rosarote Blütenträume, als eine Art Daueranspruch auf Behaglichkeit. Diese Illusion von Liebe soll in uns möglichst schnell und gründlich den Schmerz betäuben, den Einsamkeit und Verzweiflung immer wieder in uns auslösen, während wir auf unserem Lebensweg unterwegs sind.

Bei diesem Handel von Angenehm- und Angenommensein entwickelst du im Lauf deines Lebens die Auffassung, dass du doch nett und freundlich, angepasst und angenehm bist. Du verwechselst dieses Gefühl von Behaglichkeit und Sicherheit, das dir dein(e) Partner(in) garantieren soll, mit Liebe.

Die transformierende Kraft der Liebe bedeutet jedoch, dass du wach und aufmerksam bist, um zu entdecken, wann du stillhältst oder dich zurückhältst, anstatt dein Bedürfnis, deine Betroffenheit, dein Unbehagen zu äußern. Erst wenn du wahrnimmst, wann du dich angepasst verhältst, um »lieb zu sein«, kannst du anfangen, dich vollständig einzubringen. Dann lässt du Konflikte und Auseinandersetzungen, Reibung und Aufrichtigkeit zu, und zwar nicht *obwohl*, sondern *weil* dir an deinem Bezogen-Sein zu diesem Menschen liegt. Ich spreche hier nicht von Nörgelei und Kritik, von Dominieren oder Projizieren. Vielmehr spreche ich davon, dass du Verantwortung übernimmst und auch die Hindernisse siehst, die zwischen dir und deinem Gegenüber stehen können.

Du hast nun wieder verschiedene Möglichkeiten zu reagieren:

- Du kannst deine Beziehung um dieses Hindernis herumlavieren und versuchen, es weitgehend zu ignorieren. Das wird dich viel Kraft kosten, und eure Gemeinsamkeit wird ihre Unbefangenheit verlieren.
- Du kannst das Hindernis ignorieren und immer wieder an der gleichen Stelle anecken.
- Oder du kannst dich der betroffenen Person mitteilen, wie du dieses Hindernis erlebst.

Praktischer Teil

Vorbehalte und Vorurteile erkennen

Ich lade dich jetzt zu einem Spiel ein. Dazu schließt du deine Augen und lässt auftauchen:

- Wem gegenüber hast du einen Vorbehalt?
- Welcher Art ist dein Vorbehalt?

Vorsicht, Falle!
Achte darauf, ob jetzt womöglich die Stimme deiner Vor-Urteile anfängt zu plappern. Sagt sie zum Beispiel so etwas wie: »Wenn er nicht angefangen hätte ...«

Du kennst inzwischen diese Stimme, die dich rechtfertigen und andere ins Unrecht setzen will. Wenn du jetzt nicht im Recht-Haben stecken bleiben willst, solltest du deshalb folgenden Überlegungen nachspüren:

- Wie wichtig ist dir die Beziehung zu dieser Person?

Du kannst davon ausgehen, dass die Person, die dir als erste eingefallen ist, dir auch sehr wichtig ist. Selbst wenn du denkst, sie sei dein Feind – wir lieben unsere Feinde tatsächlich. An wem würdest du dich schließlich reiben, über wen ereifern oder erhaben fühlen, wären da nicht deine »Feinde« in deinem Leben!
Doch nun schau dir noch einmal die Wichtigkeit und die Bedeutung der Beziehung an, in deren Unbefangenheit du einen Vorbehalt gebracht hast.

- Was genau ist dein Vorbehalt?
- Ist es Angst, Rivalität, Macht, Besserwisserei, Rechthaberei?
  Lass die Liste deiner Vorurteile Revue passieren, und du wirst schnell fündig werden, worum genau es sich handelt.
- Gestatte dir jetzt eine Vision: Du gehst zu dieser Person, um ihr zu sagen, dass dir dein Bezogen-Sein sehr viel wert ist. So wertvoll nämlich, dass du bereit bist, von deinem Vorbehalt abzulassen, um die Leitung zwischen dir und ihr wieder zu entstören.
  Lass dir Zeit, dich in dieser Begegnung zu spüren und zu fühlen. Bleib sehr aufmerksam, ob du tatsächlich Verantwortung für dich übernimmst.

Angenommen, du hast jemanden vor deinem inneren Auge, vor dem du momentan Angst hast. Du kannst hingehen und sagen: »Du machst mir Angst« – und damit gibst du die Verantwortung ab und dem anderen die Schuld. Niemand kann dir nämlich Angst machen, wenn du es ihm nicht erlaubst.
Sagst du jedoch: »Ich habe zwischen uns Angst aufgebaut«, übernimmst du die Verantwortung für dieses Hindernis zwischen euch. Nun kannst du entweder beschließen, es stehen zu lassen und selbst auch dazu zu stehen – oder du kannst es beseitigen. Das erlaubt deinem Gegenüber, seine Empfindungen einzubringen.
Viele solcher Klärungen scheitern daran, dass wir sie zum Vor-Wurf oder Nach-Trag ausbauen, anstatt dazu zu stehen, dass wir verstimmt sind, den Grund benennen und Verantwortung übernehmen und hinhören, wie der andere die Situation erlebt. Das gibt uns die Freiheit, im Bezogensein mit dem anderen so zu entscheiden, wie es beiden im jeweiligen Moment entspricht.

Wir haben alle unsere Vorurteile, unsere Beschlüsse, unsere Muster, die wir mit uns herumschleppen. Du hast schon gesehen, dass sie als »Fallen« immer wieder auf unserem Weg auftauchen. Du kannst das bedauern – oder dich verurteilen, weil du immer wieder hereinfällst. Du kannst aber auch anfangen, dich mit deiner Fehlbarkeit und Unzulänglichkeit – mit deiner Menschlichkeit also – bedingungslos wahrzunehmen, anzunehmen und zu lieben.
Sobald du das tust, wird es dir leicht fallen, auch all die Menschen, mit denen du in Beziehung stehst, vollständig in ihrer Menschlichkeit anzunehmen und zu lieben.
Sehr bald merkst du dann, wie Angenommensein und Liebe auf dich zurückwirken, denn jeder Mensch, dem du mit

Aufmerksamkeit und Achtung begegnest, mag zuerst überrascht, dann sehr schnell erleichtert sein, weil er nämlich spürt, dass er gemeint ist. Das erlaubt ihm, innezuhalten, um sich zu zeigen, anstatt seine Rolle zu spielen, sich hinter seiner Fassade oder Maske zu verschanzen. Er kann dir vertrauen, dir sein Gesicht zeigen.

Nimm dir nun Zeit, um dir in aller Ruhe die folgenden Fragen zu stellen. Du hast ja inzwischen gelernt, dir Fragen zu stellen, dich deinen Fragen zu stellen, um deine Fragen wie ein Licht zu nutzen, mit dem du auf Entdeckungsreise gehen kannst.
Wie fühlst du dich nun also bei diesen Fragen:

- Wie würde sich dein Leben verändern, wenn du auf der Welt wärst, um zu lieben?
- Was würde sich für dich verändern, wenn du nicht nur die Fähigkeit hättest, dich wahrzunehmen, sondern dich anzunehmen, dich mit dir anzufreunden und dich zu lieben?
- Wie fühlst du dich bei der Vision, dass du dich absolut und bedingungslos lieben kannst?
  Mit all deinen Eigenschaften, Eigenheiten, Eigenarten?

Vielleicht erlebst du ja die Angst, deinen Kokon zu verlassen, die Angst, als geschlüpfter, schutzloser Schmetterling dann nicht fliegen zu können.
Oder du erkennst dein Bedürfnis, in der Sicherheit deines Kokons das Fliegen zu üben. Im Lauf des Lebens werden wir alle immer wieder mit genau diesem Bedürfnis konfrontiert; wir wollen die Leichtigkeit und Duftigkeit des Fliegens in der Geborgenheit und Festigkeit der Vor-Stufe

sichern und uns so auf die Risiken und Veränderungen vorbereiten.

Was der Körper uns mitteilt: Sich annehmen

Du kannst nun die Weisheit deines Körpers befragen, um dich deinen Fragen auf einer anderen Ebene zu stellen und zu erkennen, wie du die Antwort in dir selbst vorfindest.

- Leg dich auf dem Rücken auf den Boden.
- Nimm wahr, wie du jetzt dein Bild spürst, das dir die Erde zu deiner Lage zeigt.
- Wie spürst du heute deine beiden Seiten?
- Wie kannst du dem Kommen und Gehen deines Atems zuschauen?
- Wie nimmst du dich wahr in deiner Wachheit und Aufmerksamkeit?
- Spüre, dass alles, was du wahrnimmst, in Ordnung und dir gemäß ist, dass es nichts zu tun, nichts zu ändern, nichts zu korrigieren gibt.
- Lass dich wahrnehmen, wie du dich wahrnehmen kannst.
- Lass dein Bild in dich sinken. Du musst nichts festhalten, nichts behalten.
- Erlaube dir, mit deiner Wachheit und Aufmerksamkeit einfach nur da zu sein.
- Wenn du nun so auf deinem Rücken liegst, leg deinen rechten Arm über deine Brust, sodass deine rechte Hand auf deiner linken Schulter zu liegen kommt. Nimm wahr, wie du diese rechte Hand auf deiner linken Schulter fühlst: wie warm, wie weich, mit wie viel Druck, wie vertraut?

Nimm wahr, wie du deine linke Schulter unter deiner rechten Hand spürst.
Wie rund, wie weich fühlst du diese Schulter?

- Lass deine rechte Hand so auf der linken Schulter liegen und nimm deinen linken Arm in der Art über deine Brust, dass deine linke Hand in deiner rechten Achselhöhle ruht.
  Wie fühlst du deine Achselhöhle unter deiner linken Hand?
  Kannst du deine Atmung dort spüren?
  Wie fremd oder vertraut ist dir deine Achselhöhle?
  Wie empfindet die Achselhöhle die Berührung der linken Hand?
- Wie fühlst du die Umarmung deiner beiden Arme?
  Erlaubst du dir, leicht und ungehindert weiterzuatmen – oder nimmst du dir die Luft?
  Wie spürst du den Druck, das Gewicht deiner Arme auf deiner Brust?
  Kannst du deine Umarmung so für dich einrichten, dass du Geborgenheit und ein Wohlgefühl empfindest, keine Beklemmung?
  Erlaub dir einen Moment, dich so in deiner Umarmung einzurichten und zu arrangieren, dass du dich sicher und bei dir fühlst.
- Vielleicht liegst du ja bequemer, wenn du deine Beine vor dem Becken aufgestellt hast. Probier es aus und wähle die Möglichkeit, die dir behagt. Willst du mit aufgestellten oder mit ausgestreckten Beinen daliegen?
- Dann lenk deine Aufmerksamkeit noch einmal zu deiner rechten Hand, die auf deiner linken Schulter ruht. Fühle ihre Berührung und Be-Handlung.
- Nun lass deine rechte Hand die linke Schulter sehr

leicht und behutsam ein winziges Stück vom Boden wegbewegen; das heißt, die rechte Hand lädt die linke Schulter ein, sich behutsam einige Millimeter vom Boden zu entfernen und dann wieder zurückzugleiten.

- Achte darauf, dass deine rechte Hand die linke Schulter tatsächlich begleitet, dass sie nicht an ihr zieht oder zerrt, sondern sorgsam mit der linken Schulter umgeht, sodass die sich wenig vom Boden wegdreht, um dann wieder in die ursprüngliche Lage zurückzukommen.
- Erlaub dir einige fließende, sanfte Bewegungen, die es dir möglich machen zu beobachten, ob dein Kopf leicht mitrollen mag.
  Erlaubst du dir beim Bewegen zu atmen oder hältst du die Luft an?
- Außerdem kannst du beobachten, wie sich dein linkes Schulterblatt etwas vom Boden entfernt, während sich deine rechte Schulter deutlicher auf die Erde drückt.
- Lass die Bewegung ausklingen und löse deine Umarmung, um dein Bild zu spüren.
  Wo hast du mit dieser kleinen, aufmerksamen Bewegung deine Lage verändert – oder deine Atmung ?
- Umarme dich noch einmal in der Art, dass deine rechte Hand auf deiner linken Schulter und deine linke Hand in deiner rechten Achselhöhle ruht.

- Richte jetzt deine Bewusstheit auf die linke Hand und ihre Berührung der Achselhöhle:
  Lass die linke Hand mit ihrer ganzen Sorgsamkeit die rechte Achselhöhle einladen, sich ganz leicht vom Boden zu entfernen.

Nimm wahr, wie achtsam deine linke Hand die rechte Schulter behandelt, um sie vom Boden und dann wieder zum Boden zurück zu bewegen.

- Beobachte, ob sich dein Kopf an der Bewegung beteiligen mag und mitrollt.
  Oder fällt es dir leichter, den Kopf in der Mitte zu halten, während du die rechte Achselhöhle und Schulter vom Boden bewegst und zurückgleiten lässt?
  Oder wie gefällt dir die Bewegung, wenn dein Kopf nach rechts rollt, während du die rechte Schulter vom Boden wegbewegst?
- Wähle deine Möglichkeit aus, den Kopf an der Bewegung zu beteiligen, und genieße sie noch einige Male.
- Nimm dich bewusst in deiner Umarmung wahr mit deiner Frage: Was liebe ich an mir?
- Dann löse deine Umarmung, nimm wahr, wie du jetzt dein Bild vom Boden reflektiert bekommst. Wie fühlst du dich?
- Umarme dich erneut in der gleichen Weise, die rechte Hand auf die linke Schulter, die linke Hand in die rechte Achselhöhle legend. Wiege dich nun in deiner Umarmung von einer Seite zur anderen. Das heißt, die rechte Hand entfernt die linke Schulter etwas vom Boden, dabei drückt das rechte Schulterblatt stärker auf den Boden, dann lässt die rechte Hand die linke Schulter zum Boden zurückgleiten.
  Während jetzt die linke Hand die rechte Achselhöhle vom Boden bewegt, drückt sich das linke Schulterblatt fester auf den Boden. Die rechte Achselhöhle geht zum Boden zurück, und die rechte Hand bewegt wieder die linke Schulter vom Boden.

- Du kannst dich so sehr leicht und behutsam von links nach rechts und von rechts nach links wiegen und dabei beobachten:
  Hast du deine Umarmung so gewählt, dass du dich in ihr wohl fühlst?
  Erlaubst du dir zu atmen bei diesem Wiegen – oder hältst du die Luft an?
  Lässt du deinen Kopf mit der Bewegung deiner Schultern rollen?
  Hältst du ihn in der Mitte?
  Oder behagt es dir momentan am besten, deinen Kopf in die entgegengesetzte Richtung rollen zu lassen?
  Fühlst du diese Bewegung links anders als rechts?
- Wie behandeln deine Hände deine Schultern?
  Kannst du dir deine Behutsamkeit und Leichtigkeit fühlbar machen – oder »arbeiten« deine Hände mit Zwang und Druck?
- Nimm wahr, dass du die Bewegung in jedem Moment so für dich ausführen kannst, dass du dich wohl und geborgen fühlst.
  Versuche, die für dich angenehmste, leichteste und müheloseste Möglichkeit zu finden.

- Gönn dir eine Pause und lass dich dein Bild fühlen, das dir der Boden jetzt aktuell zeigt.
  Spüre, wie dieses aufmerksame Umgehen mit dir deine Lage verändert hat.
- Wenn du dich jetzt noch einmal umarmst, wechsle die Seiten. Das heißt, dass du nun deine linke Hand auf deine rechte Schulter legst und deine rechte Hand in deine linke Achselhöhle.
  Lass dir Zeit zu spüren, wie du diese Art der Umarmung fühlst. Gibst du dir Luft und Raum?

Wie fühlt die rechte Schulter den Druck der linken Hand?
Wie spürt die linke Hand die Form der rechten Schulter?
Wie können die beiden sich bequem und angenehm miteinander einrichten?
Wie fühlt die rechte Hand die linke Achselhöhle?
Wie empfindet die linke Achselhöhle Druck und Lage der rechten Hand?

- Wie fühlst du jetzt das Gewicht deiner Unterarme auf deiner Brust?
Hast du das Gefühl, sie sind kürzer oder schwerer als in der anderen Art der Umarmung?
- Mach es dir bequem in deiner Umarmung.
- Bevor du anfängst, dich zu wiegen, erlaube dir, diese Bewegung in deinen Gedanken vorzubereiten.
Nimm wahr, wie du die gedachte Bewegung – deine linke Hand lädt deine rechte Schulter ein, sich vom Boden wegzubewegen – in deinem Körper spürst, begleitet von deiner Atmung und von der Bewegung deines Kopfes.
Fühle, wie deine linke Hand deine rechte Schulter wieder zum Boden zurückgleiten lässt, um dann zu spüren, wie du die andere Seite visualisierst:
Deine rechte Hand bewegt deine linke Achselhöhle leicht und mühelos vom Boden, begleitet von der Bewegung deines Kopfes und deinem Atem, um sie dann wieder dem Boden zurückzugeben.
Dann erlaub deiner linken Hand, deine rechte Schulter vom Boden zu entfernen, wobei dein Kopf mitrollt und du weiteratmest.
Erkunde, wie du in deinen Gedanken jetzt deine rechte Schulter wieder zum Boden gleiten lässt, um

mit deiner rechten Hand erneut deine linke Achselhöhle vom Boden zu heben.

- Nimm wahr, wie du mit deiner gedachten Bewegung spielerisch und leicht umgehen kannst.
  Beobachte dabei, wie du dich fließend und mühelos von einer Seite zur anderen Seite wiegst.
  Spüre nach, wo und wie du in deinem Körper deine gedachte Bewegung entdecken kannst.

- Bleib in der Leichtigkeit und im Fließen der Bewegung, wenn du dir nun allmählich erlaubst, die Idee dieser Bewegung tatsächlich mit deinem Körper auszudrücken.
- Während du dich sanft und harmonisch von einer Seite zur anderen wiegst, beobachte, wie du die Bewegung auf deiner linken, wie auf deiner rechten Seite empfindest, ob du deinen hin und her rollenden Kopf angenehm und unterstützend empfindest.
  Nimm wahr, ob du dir die Bewegung so leicht und mühelos wie nur möglich eingerichtet hast.
- Wieg dich weiter und stelle dir dabei die Fragen:
  Was liebe ich an mir?
  Welche Eigenschaften kann ich nicht an mir lieben?
- Beobachte, ob sich dabei dein Atem verändert oder ob deine Bewegung ins Stocken gerät.
- Beende diesen Teil, indem du nochmals anschaust, was du an dir liebst, und lass deine Bewegung weich und harmonisch ausklingen.

- Betrachte dein Bild zu deiner Lage, das dir der Boden jetzt zeigt.
  Spür deine beiden Seiten und nimm wahr, wie sie liegen und wie sie atmen.

Umarme dich nun so, wie es dir jetzt im Moment behagt, um dich nochmals in dieser Armhaltung zu wiegen.
Achte dabei auf deine Atmung.

- Wiege dich in deinem Rhythmus hin und her – du hast Zeit und Ruhe.
Lass dich wieder fühlen, wie deine Gedanken dein Bewegen, deine Atmung beeinflussen.
Nimm wahr, wie du in der Leichtigkeit deiner Bewegung bleiben oder zu ihr zurückfinden kannst, wie du dich mit Hilfe deiner Bewegung in Harmonie und ins Gleichgewicht bringen kannst.
- Lass dein Wiegen langsam zu Ende kommen und schau, welche Einsichten du aus deiner achtsamen Bewegung gewonnen hast.
- Wie bist du dir jetzt deiner bewusst?

Vielleicht hast du ja Lust aufzuschreiben, was für dich wahrnehmbar geworden ist? Du kannst dann schauen, ob dazu Bilder oder Erinnerungen auftauchen. Du musst nichts verändern oder verbessern. Es reicht wahrzunehmen, was ist.
Alles, was du an dir wahrgenommen und angenommen hast, kannst du bei jedem anderen Menschen mitfühlen und ebenfalls annehmen.

Wenn du auf jemanden deutest, um auf dessen Eigenart aufmerksam zu machen – egal ob verurteilend oder lobend, anprangernd oder bewundernd –, kannst du diese Eigen-Art am anderen nur sehen, wenn du sie aus deinem eigenen Erleben kennst.
So kannst du lernen, deine Körper-Sprache zu verstehen: Immer, wenn du mit zwei Fingern deiner Hand auf jeman-

den deutest, weisen die anderen drei Finger auf dich selbst. Das kann eine Erklärung sein, warum manche Kulturen schließlich ausgerottet wurden. In ihrer Welt waren Aggression und Niedertracht einfach nicht vorhanden. Sie hatten dergleichen nie erlebt und somit auch kein »Repertoire« verinnerlicht, das ihnen dann die entsprechende Schutzfunktion geboten hätte.

Lebensmitte – Heil-Werden durch Integration

In diesem Kapitel kannst du erfahren:

- wie du deinen Nächsten liebst oder deine ungeliebten Eigenschaften auf ihn projizierst und Krieg mit ihm führst,
- wie dich dein Funktionieren das Leben kostet,
- wie du dein Signal als Freund oder Wegweiser begrüßt,
- wie du deine Körper-Sprache verstehst,
- wie du deinen »inneren Arzt« triffst,
- wie du deinen Leid-Satz zum Vor-Satz transformierst.

Sicher hast du mittlerweile festgestellt, welche deiner Eigenschaften du ausgeblendet und abgespalten hast. Du hast gesehen, dass drei Finger deiner Hand auf dich weisen, wenn du auf jemanden deutest. Vielleicht haben dich manche Fragen ja beunruhigt oder verärgert, ermüdet oder frustriert, interessiert oder herausgefordert. All dieses Ent-Decken, dieses Dich-Fragen hat jedenfalls nicht nur den Zweck, dir ein »besseres Dasein« zu ermöglichen. Es soll dir vielmehr zu einem Leben verhelfen, das dir wirklich entspricht und dir gemäß ist.

Unter dem Zwang der Eigenschaften

Es gilt nun, noch etwas genauer hinzusehen, damit du erkennst, dass es diese Strategie von Ausblenden und Abspalten ist, die es dem Menschen ermöglicht, bestimmte Eigenschaften bei anderen zu verurteilen und zu bekämpfen, ohne genau diese Eigenschaften bei sich selbst wahrzunehmen. Anders ausgedrückt: Der Mechanismus, ungeliebte Eigenschaften nach außen zu projizieren, hat es den Menschen ermöglicht – den »zivilisierten« zumindest –, Kriege zu führen und mit absoluter Selbstgerechtigkeit Mord und Totschlag zu begehen.

Unter dem Vorwand, Feigheit zu bekämpfen, kannst du in einen »heiligen Krieg« gegen all die Menschen ziehen, die du zu Feiglingen erklärt hast. Sobald du jedoch Feigheit als urmenschliches Potential in dir selbst kennen gelernt und in deine Persönlichkeit integriert hast, kannst du Feigheit nicht mehr als eine Eigenschaft bekämpfen, die außerhalb von dir existiert. Vielmehr wird dich das Wahrnehmen und Erleben deiner Feigheit tatsächlich deinen Mut und deine Tapferkeit spüren lassen.
Legst du allerdings diese Eigenschaften an den Tag, weil du deine Feigheit nicht spüren willst – als Abwehrmechanismus also –, stehen sie auf tönernen Füßen. Du hast sie dann nicht wirklich zur Verfügung, sondern sie bestimmen als zwanghaftes Verhalten dein Leben. Das kann so weit gehen, dass du dich gezwungen siehst, zu kämpfen und Krieg zu führen, weil du ja so »mutig« und »tapfer« bist. In diesem Zusammenhang betrachtet, bedeutet Selbstfindung nicht so etwas wie Nabelschau, sondern beinhaltet die Erkenntnis von zutiefst menschlichen und damit auch politischen Zusammenhängen.
Wie du mit dir umgehst und dich be- oder missachtest, ist untrennbar mit der Art verbunden, wie du deine Mitmenschen behandelst.
Vielleicht hast du ja einmal von den so genannten »hilflosen Helfern« gehört, von denen in letzter Zeit des Öfteren die Rede war. Ihre Strategie lässt sich so umreißen: Um sich selbst nicht wahrnehmen und annehmen zu müssen,

versuchen sie, ins Helfen auszuweichen. Das funktioniert eine Weile ganz gut, bis diese Menschen einsehen müssen, dass die Wurzel ihrer Hilfsbereitschaft in ihrer eigenen Unfähigkeit liegt, Leid, Krankheit, Not und Bedürftigkeit zu ertragen. Wenn jemand also von sich behauptet, besonders uneigennützig und selbstlos zu sein, sich selbst jedoch nicht achtet, besteht immer die Möglichkeit, dass er – bei allem gesellschaftlichen Ansehen – schlichtweg vor sich selbst auf der Flucht ist.

Wenn das Kontrolllämpchen aufleuchtet

Inzwischen hast du dich intensiv und ehrlich mit deinen Vorurteilen und Beschlüssen beschäftigt. Deshalb hast du nun wahrscheinlich schon erkannt, dass sie zu Strategien führen können, die in unserer Gesellschaft ein hohes Prestige genießen. Es kann sein, dass du jede Menge Zustimmung erntest – sei es durch Geld, durch Einfluss, Macht, Anerkennung, Beliebtheit – was auch immer.
Das Gefährliche an manchen Strategien ist, dass sie so erfolgreich sind; lange erscheint es dir so, als würdest du tatsächlich *dein* Leben leben. Dabei übersiehst du all die Sach- und sonstigen Zwänge, die dich in deinen Gleisen trotten und nach alten Gewohnheiten funktionieren lassen. Sie bewirken dein ständiges Bestreben, dich vor jedem Zufall, vor allem Unerwarteten zu wappnen. Sie veranlassen dich, die Zukunft in den Griff kriegen zu wollen – als eine Art Schutzmaßnahme vor den Überraschungen des Lebens. Dein Funktionieren hindert dich zu sehen, wie teuer du für diese vermeintliche »Sicherheit« bezahlst: mit deinem Leben, deiner Lebendigkeit. »Glück« kann dann bedeuten, in einer möglichst gleich bleibenden Behaglichkeit zu exis-

tieren, ja zu vegetieren, ohne Auseinandersetzung, ohne Risiko, ohne An- und Aufregung, ohne dich von irgendetwas oder jemandem berühren zu lassen.
Du hoffst vielleicht, dieses Unbeteiligtsein mit ins Grab zu nehmen, »davonzukommen«. Wenn dir dein Körper signalisiert, dass er diese Art von Lebensvermeidung nicht mehr akzeptieren will, versuchst du, so schnell wie möglich das Signal loszuwerden, um wieder die alten Gewohnheiten aufzunehmen.

Damit verhältst du dich wie jemand, der an seiner Kühltruhe sieht, dass das Kontrolllämpchen aufleuchtet. Das stört ihn, und er dreht die Birne heraus. Zunächst scheint das Problem »gelöst«. Wenn nach kurzer Zeit der Inhalt der Truhe zu stinken anfängt, ist der Betreffende erstaunt: Es schien doch alles in bester Ordnung zu sein.
Das Beispiel kommt dir vielleicht albern und simpel vor, und doch hinkt der Vergleich gar nicht so sehr. Wir versuchen nämlich, Krankheit, Schmerz, Konflikte, Zufälle, Unfälle und sonstige Eventualitäten möglichst schnell zu »lösen«, indem wir wieder zur Tages-Ordnung zurückkehren.
Die Idee, Signale könnten dich darauf aufmerksam machen wollen, dass du gegen deine ganz persönlichen Lebensprinzipien handelst und lebst, scheint dir vielleicht völlig abwegig. Und gerade deshalb lohnt es sich, diesen Mechanismus einmal genauer zu betrachten.
Wir wollen also noch einmal das Kontrolllämpchen an der Kühltruhe benutzen, um zu beleuchten, worauf ich deine Aufmerksamkeit lenken möchte: Wie gesagt, du kannst die Birne entfernen, und wenn du Pech hast, musst du dann den gesamten Inhalt der Truhe wegwerfen. Du hast jedoch auch die Möglichkeit, der Lampe Beachtung zu schenken und dich zu ihr in Bezug zu bringen.

Du kannst beobachten, ob es die Kontrolllampe beeinflusst,

- wenn du weniger in der Truhe verstaust,
- wenn du die Kühltemperatur veränderst,
- wenn du die Stromzufuhr kontrollierst,
- wenn du den Motor überprüfst,
- wenn du kontrollierst, ob der Deckel schließt.

Jedenfalls kannst du dich von diesem Lämpchen leiten lassen und es als Wegweiser benutzen, bis du den Fehler gefunden und den Defekt behoben hast.

Diese Vorgehensweise mag dir im Moment lästig erscheinen, deine Tagesordnung durcheinanderbringen und dir überhaupt nicht passen. Sie birgt jedoch die Chance, durch dieses Signal geleitet, den Fehler zu finden, der unentdeckt deine Gefriertruhe ruiniert hätte.
Ich reite deswegen so lang auf diesem Beispiel herum, weil es dir erlaubt, ein Signal weitgehend emotionslos, also rein in seiner Funktion, zu betrachten.

Sobald wir jetzt nämlich statt der Kühltruhe deinen Körper oder besser *dich* heranziehen und statt des Kontrolllämpchens deinen Schmerz, an dem du leidest, wird es erheblich schwieriger, dieses Symptom unbefangen als ein Signal zu betrachten, das dich zur Ursache führen kann.
Und doch kann es der Wegweiser sein, der dich zu dem geleitet, was dich kränkt, nicht schlafen lässt, was dir Kopfzerbrechen bereitet, dir auf den Magen drückt, dir Schiss macht, dir an die Nieren geht, dich juckt, dir die Luft zum Atmen nimmt.
Wie du siehst, kannst du dein Signal nutzen, um deine Körpersprache zu erforschen und zu verstehen. Vielleicht

hast du ja das Gefühl, das Signal käme dir gerade jetzt völlig ungelegen und würde auch überhaupt nicht zu dir passen, außerdem möchtest du möglichst schnell und reibungslos wieder nach deinen gewohnten Mustern funktionieren. Vielleicht hast du dich so erfolgreich, angenehm und sicher in deinem Beruf, deiner Familie und deinem sozialen Umfeld etabliert, dass du bereit bist, auch wirklich alles dafür zu tun, um dein Weiterfunktionieren zu gewährleisten und zum alten Zustand zurückzukehren.

Krankheit kann heilsam sein

Unter diesen Umständen fällt es dir natürlich schwer, dein Signal als Wegweiser zu betrachten, der dir zeigt, wo du deine Krise als Chance nutzen kannst. Sie ermöglicht dir jedoch, den Zusammenhang zwischen deiner Lebensweise und deinem Symptom zu erkennen. Außerdem zeigt sie dir, wie wenig sinnvoll es ist, den alten Zustand anzustreben; schließlich war etwas in deinem Verhalten in einem solchen Ausmaß deinen Lebensprinzipien zuwidergelaufen, dass es dich am Ende krank gemacht hat. Vielmehr kannst du deine Krise oder Krankheit als Herausforderung und Chance nutzen, diesen unbeachteten Teil zu integrieren. Dann kannst du, um dieses bislang fehlende Potential bereichert, wirklich heil werden. So gesehen sind deine Midlife-Crisis, Schmerz, Angst, Schlaflosigkeit – was immer dein Signal sein mag – ein Auslöser, um dich zu einer Entwicklung zu bewegen. Durch diese Erkenntnis vermagst du fortzuschreiten, anstatt in der Sehnsucht nach dem alten Zustand zu verharren.

Du kannst also anfangen, deinen Schmerz als Freund oder Lehrer zu betrachten. Falls es dir noch nicht klar sein sollte: Er ist es tatsächlich, denn ohne Schmerz hätten wir uns längst kaputtgemacht! Er signalisiert uns zuverlässig, wenn wir »mit Schrauben nageln«, das heißt falsch mit uns umgehen.

Auch wenn du vielleicht meinst, dein »Knie müsse besser werden«, weil es dir Schmerzen bereitet: Dein Knie ist gut genug. Dein Umgang mit ihm kann vielleicht »besser« werden, im Sinn von behutsamer und diesem Knie gemäßer.

Bei all dem Lamentieren wegen unserer medizinischen Versorgung sind wir leicht geneigt, Schuld zu verteilen: an die Krankenkassen und Ärzte, an Verschreibungsgepflogenheiten und Untersuchungsabläufe. Unseren eigenen Anteil an der Verantwortung lassen wir dabei gern außer Acht. Unsere Grundeinstellung, das Leben durch die Brille unserer Vorurteile und Annahmen zu betrachten, hat uns in eine Anspruchshaltung manövriert, die sich aus der Illusion speist, wir hätten unser ganzes Leben lang absolute Gesundheit, Konfliktfreiheit, Sicherheit und Behaglichkeit verdient. Aufgrund dieser Haltung haben wir unsere Strategien entwickelt, die garantieren sollen, dass wir nie mit Schmerz und Verzweiflung, Einsamkeit und Angst, mit allem, was uns nicht passt und uns leiden lässt, in Kontakt geraten.

Aus diesem Anspruch heraus gehen wir zum Arzt und Therapeuten – als Konsumenten: »Hier ist mein Schmerz, mein Signal, ich kaufe dein Wissen, deine Kompetenz, damit du mich von dem befreist, was mir unangenehm ist.«

Ist dir jedoch erst einmal bewusst geworden, dass deine

Fähigkeit, einen Konflikt oder eine Situation zu ertragen, dich befähigen kann, dich wirklich neu und mit bisher unentdeckten Fähigkeiten und Potentialen zu erleben, wirst du mit einer völlig anderen Haltung den Fachmann aufsuchen. Deine unreflektierte Konsumentenhaltung ist dann nicht mehr angemessen. Es tritt folgende Veränderung ein: Du bist leichter bereit, dein Signal verstehen zu lernen, anstatt es nur ja loswerden zu wollen. So kann dich dein Signal über den Weg von Leid, Geduld, Ruhe oder Rückzug zu einem neuen Erleben deiner eigenen Person führen.
Dieser Leidensweg bringt dir dann ein neues Selbstbewusstsein und auch Selbstverständnis, Selbstverantwortung und Selbstständigkeit und nicht zuletzt Selbstvertrauen, das auf Selbst-Erkenntnis und Selbst-Achtung aufgebaut ist.

Praktischer Teil

Lebensstrategien erkunden

Erlaub dir, einen Moment innezuhalten. Prüfe, ob du deine Lieblings-Strategie(n) erkennen und identifizieren kannst:

- Erkennst du in dir einen der »hilflosen Helfer«, immer im Einsatz für andere?
  Du wüsstest ja ganz genau, was gut für dich ist, wenn nur deine Kinder, deine Familie, Firma, Freunde, dein Job, deine Ämter nicht wären?
- Sorgst du dafür, dass dein Tag von morgens bis abends verplant ist mit Unternehmungen, Verabredungen, Terminen, Gesprächen – damit dich bloß nie

gen können ?

Zweifel an deiner Wichtigkeit und Beliebtheit plagen können ?

- Oder ist deine Droge der Fernsehapparat?

Du weißt, dass es beim Erforschen deiner Person nicht um Wertungen und Urteile geht. Vielmehr kann dir dieses Entdecken den Weg weisen zu dem Teil von dir, den du ausblendest, zu dem, was dich – unbeachtet und ungesehen – *kränkt* und dich jetzt auffordert, es zu erlösen und zu integrieren.

Die folgenden Fragen helfen dir, dein Signal deutlicher zu verstehen. Dabei sollte dir stets bewusst bleiben: Dein Signal – ob es dir gefällt oder nicht, ob es passend erscheint oder nicht – kommt aus der Tiefe und der Weisheit deines Körpers und hat in jedem Fall Beachtung verdient. Die Tatsache, dass du deine Körpersprache vielleicht noch nicht recht verstehst, bedeutet nicht, dass sie nicht vorhanden oder sinnlos wäre. Es kann allein schon hilfreich sein, wenn du dir zuhörst, wie du innerlich über dich, über dein Signal sprichst.

- Was macht dir Kopfzerbrechen?
- Wo musst du dich durchbeißen?
- Was musst du in den Griff kriegen?
- Was hat dir die Luft genommen?
- Was sitzt dir in den Knochen?
- Warum hast du die Nase voll?
- Was bringt dir dein Signal generell?
- Wo verschafft es dir Raum, Zeit und eine Entschuldigung, damit du nicht reibungslos funktionieren musst?
- Was erspart es dir?

- Wo erlaubt es dir, aus deiner gewohnten Bahn auszubrechen?

Phantasiereise: Auf die Sprache des Körpers achten

Du kannst deiner inneren Stimme und damit deiner ureigensten Antwort auf einer Phantasiereise näher kommen. Leg dich dazu in Rückenlage auf die Erde.

- Fühl dein Bild, das dir der Boden jetzt vermittelt.
  Nimm deine Lage wahr.
- Stell dir nun vor, du liegst auf einer Wiese.
  Nimm ihren Duft und ihre Geräusche wahr, die Stimmung und die Tages- und Jahreszeit.
- Du orientierst dich auf deiner Wiese und erhebst dich allmählich, um deinen Weg zu entdecken und zu gehen.
  Du kannst sehen, was und wer dir begegnet und wie du dich deinem Bach näherst.
  Gib dir Zeit, damit du wählen kannst, wie du weitergehen magst, und schau dir an, wie du deinen Weg fortsetzen willst.
- Du stößt auf einen Felsen und erkennst plötzlich, dass sich dahinter eine Höhle verbirgt. Den Stein, der den Eingang verschließt, beseitigst du mühelos durch eine leichte Berührung.
  Lass dir Zeit, damit deine Augen sich an das Licht in der Höhle gewöhnen können.
  Sieh, ob du ihre Größe und ihre Höhe erkennen kannst. Schau hin, ob der Boden eben ist und ob er ansteigt oder abfällt.
  Bist du schon angekommen oder möchtest du noch weiter in die Höhle eindringen?

- Lass dich fühlen, dass du dich in jedem Moment deiner Entdeckungsreise entscheiden kannst, ob du weitergehen, anhalten oder umkehren willst.
- Du kommst nun zum Zentrum, zum Herzen deiner Höhle, orientierst dich und richtest dich bequem ein. Du schaust nach, ob dich hier jemand erwartet, und entscheidest, ob du diese Person empfangen, begrüßen oder verabschieden willst.
- Wenn du dich hier in deiner Höhle zu Hause fühlst, nimm Platz und bitte eine Person deines Vertrauens zu dir.
  Lass dich überraschen, wer bei dir auftaucht.
  Geh davon aus, dass diese Person deines Vertrauens in deine Höhle kommt.
- Begrüße diese Person und danke ihr für ihr Kommen. Sag ihr das Thema, das dich gerade beschäftigt, kränkt, belastet oder belästigt:
  Zum Beispiel: »Ich habe Zahnschmerzen.« Dann stelle ihr eine Frage zu dem Thema, etwa: »Wo muss ich mich durchbeißen?« Oder: »Wem soll ich die Zähne zeigen?«
  Nimm aufmerksam die Antwort deiner Vertrauensperson entgegen.
  Dann frage sie, ob sie dir ein Geschenk mitgeben möchte.
- Vergiss nicht, dich bei ihr zu bedanken und dich zu verabschieden, bevor du dich auf deinen Rückweg machst. Du kannst wählen, ob du deine Höhle offen lassen oder mit dem Felsen wieder verschließen willst.
  Geh fort in der Gewissheit, dass du jederzeit wiederkommen kannst, wenn du das Bedürfnis oder den Wunsch hast.

- Beachte die Stimmung auf deinem Rückweg, und beobachte, ob dir jemand oder etwas begegnet.
- Auf deiner Wiese angekommen, lass dich wieder auf deinem Fleckchen Erde nieder.
- Dann komm allmählich zurück in deinen Raum, spüre deine Lage, die Art, wie du dich dem Boden anvertraut hast, wie du deine Atmung und deine beiden Körperseiten fühlst. Erlaub dir, zu dir zu kommen, dich zu räkeln und zu dehnen, zu gähnen und zu seufzen, um dir jetzt im Wachbewusstsein nochmals deine Vertrauensperson, ihre Antwort und ihr Geschenk zu betrachten.
- Gib dir Gelegenheit, interessiert und neugierig diese Gaben und Erkenntnisse anzuschauen.
  Versperr dir nicht den Zugang durch vorschnelle Rückschlüsse und Argumente.
  Wieder geht es nicht darum, mit diesen Gaben etwas zu »machen»; du kannst sie vielmehr zunächst einfach auf dich wirken lassen und »spüren«, auf welche Spur sie dich bringen, welchen Faden sie dir helfen aufzudröseln.

Es kann sein, dass dich zurzeit eine sehr menschliche Überlegung beschäftigt, nämlich die Frage, ob du mit deinem Symptom einen Experten aufsuchen und dir Rat und Unterstützung holen solltest.
Ich will dir auf keinen Fall abraten, einen Fach-Mann bzw. eine Fach-Frau zu konsultieren. Du kannst jedoch deine Motivation besser verstehen, wenn du dir vorher folgende Fragen stellst:

- Willst du deine Verantwortung abgeben?
- Suchst du Bestätigung für dein Vorurteil, dass ein

anderer kompetenter ist als du, was deine eigene Person angeht?

- Oder willst du hören, was jemand sagt, dem du deine Sicht und Wahrnehmung schilderst und der dich von außen, unbefangen sieht?

Es macht für deine Eigenverantwortung einen entscheidenden Unterschied, ob du blindlings deine Kompetenz verleugnest und deine Verantwortung abgibst oder ob du dir deiner Gefühle bewusst bist und beschließt, dir Unterstützung zuteil werden zu lassen.
Außerdem ist es wichtig, ob du Hilfe suchst, um dein Signal so schnell wie möglich loszuwerden, oder weil du dein Signal besser erkennen und die Sprache deines Körpers verstehen willst. Sobald du dann erkannt hast, welcher Leid-Satz dich »gekränkt« hat, kannst du ihn zu deinem Vorsatz transformieren. Probier es jetzt einmal aus, dazu ein Beispiel:

Leid-Satz	**Vor-Satz**
Ich habe Angst vor meinen Gefühlen.	Ich begrüße meine Gefühle.
Ich habe Angst vor meiner Einsamkeit.	Ich nehme meine Einsamkeit an.
Ich muss in mich gesetzte Erwartungen erfüllen, um geliebt zu werden.	Ich liebe mich und nehme mich vollständig an.

Achte darauf, dass du deinen Vor-Satz positiv formulierst. Anstatt: »Ich habe jetzt keine Angst mehr, verlassen zu werden«, formulierst du geschickter: »Ich fühle mich jetzt vollkommen in mir geborgen.« So vermeidest du, durch die Wiederholung der Wörter »Angst« und »verlassen werden« das Negative zu verstärken.

- Teile nun ein leeres Blatt durch einen Längsstrich in zwei Spalten und schreibe dir deinen Vor-Satz auf die linke Seite. Die rechte Seite benutzt du, um zu notieren, was sich an Gegenargumenten einstellt. Mach dieses Spiel so lange – das heißt, schreib deinen Vor-Satz immer wieder neu auf die linke Seite und schau dir an, was dir auf der rechten Seite als Hindernis einfällt –, bis du auf der rechten Seite schließlich zustimmst!

Die Wirkung deines Vorsatzes ist völlig unterschiedlich, wenn du ihn nur aufschreibst oder wenn du die Auseinandersetzung mit der hinderlichen Seite mit dir durchspielst. Bei dieser Form von Klärung gibst du dir nämlich auf allen Ebenen Gelegenheit, Stellung zu nehmen. So bekommst du die Möglichkeit, aus deinem Selbst heraus zuzustimmen, um einen für dich wirklich stimmigen Vorsatz zu schaffen.
Indem du alles niederschreibst, gibst du deinen verschiedenen Ebenen Raum, konkret sichtbar zu werden, da du die Gegenargumente wirklich konfrontierst. Wenn du deinen Vorsatz den Gegenargumenten überstülpst, werden sie vielleicht eine Weile still halten, um dann um so stärker durchzubrechen. Im Schreiben und Sichtbarmachen kannst du ihnen also ans Licht verhelfen, sie anschauen und weitergleiten lassen – wie Wolken, die die Sonne ver-

dunkelt hatten. So kannst du deinen Vorsatz in seiner ganzen Kraft für dich wirksam werden lassen, anstatt einen Teil deiner Energie zu blockieren, weil verschiedene Strömungen in dir gegeneinander ankämpfen.

Leben und Tod – der Mythos vom Alter

IN DIESEM KAPITEL KANNST DU ERFAHREN:

- dass Leben auch im Alter Entwicklung und Fortschreiten bedeutet,
- dass deine Lernfähigkeit dich begleitet, solange du lebst,
- wie du dein Leben neu aus der Bewusstheit deiner Sterblichkeit erlebst,
- wie du lernst, deine unerledigten Geschäfte zu erkennen und zu erledigen,
- wie du den Blickwinkel der Polarität verlässt, um die Ganzheit wahrzunehmen.

Richard Bach, der Autor des Buches »Die Möwe Jonathan«, sagte einmal: »Ein Test, ob deine Mission auf Erden erfüllt ist: Wenn du noch lebst, ist sie es nicht.«

Dieses Kapitel widme ich ganz speziell meinen Eltern, die mir die Chance gegeben haben, bedingungslose Liebe kennen zu lernen und zu erleben.
Meiner Mutter danke ich für ihre Aufmerksamkeit, mit der sie an mich geglaubt und mich stets ermutigt hat, und vor allem dafür, dass ich die Vollendung ihres 99-jährigen Lebens in ihrem Sterben begleiten durfte.
Und ich danke meinem Vater für seine Kraft, Güte und Liebe und für seinen Humor, den er immer wieder durch seine spröde Schale blitzen ließ.

Die Sehnsucht nach ewiger Jugend

Wenn du dir einmal ansiehst, was es in unserer Gesellschaft heißt, alt zu werden, wirst du sehr schnell den Wunsch, ja die Gier und Sucht nachvollziehen können, die viele Menschen antreibt, jung oder zumindest jugendlich zu sein: sportlich, aktiv, dynamisch, energisch – und bloß nicht zum alten Eisen zu gehören. Kein Wunder, dass viele alte Menschen es vorziehen, »Senioren« oder »graue Panther« zu sein, nur ja nicht alte Leute. Der Hinweis, dass in zahlreichen Kulturen die Weisheit des Alters und der Alten besonders geehrt und geschätzt wird, bleibt graue Theorie: In unserer Gesellschaft ist es einfach peinlich und kommt schon persönlichem Versagen gleich, wenn man alt wird. Das heißt: Du darfst zwar alt werden, solltest aber nicht sichtbar altern. Die Devise lautet: Gib dich jugendlich und stirb sozial verträglich!

Im Alter gut dazustehen bedeutet, dass du verschämt dein Alter nennst und die Leute in Erstaunen versetzt, weil sie dich angeblich für »viel jünger« gehalten haben. Das ist das höchste Kompliment: dass du jünger wirkst, als du bist. Du solltest also »blendend« aussehen. Und heutzutage gibt es ja jede Möglichkeit dazu. So kannst du dich trimmen und pflegen, stylen und färben, kleiden und auf dein Gewicht achten, cremen und schminken, mit falschen Zähnen glänzen und jeder Unlust mit Medikamenten begegnen. Hauptsache, du belästigst deine Umgebung nicht mit den Zeichen des Alterns, Gebrechlichkeit, Vergänglichkeit und Sterblichkeit.

Mittlerweile ist dir klar geworden, wie du in deiner ganz frühen Kindheit Beschlüsse gefasst und Vorurteile gefällt

hast, die dich dein Leben lang begleitet und gesteuert haben. Vielleicht haben sie dich ja geblendet und in engen Grenzen gehalten, damit du als nützliches Mitglied dieser Gesellschaft funktionieren konntest. Sehr früh wurde dir eingeimpft, was gut und schlecht, was beliebt und unannehmbar ist, welche Eigenschaften gern gesehen sind und welche Ärger verursachen.
In jungen Jahren konntest du diese Vorbehalte vielleicht noch ganz locker aushalten, indem du dich auf »später« vertröstet hast. Oder du hast dich in Aktivitäten geflüchtet und die Illusion gepflegt, du hättest dein Leben ja noch vor dir. Doch allmählich mahnt dich dein Körper mit Signalen, die dich »anhalten«, langsamer zu werden oder zu verweilen.

Du fängst an, dich mit Jüngeren zu vergleichen. Du spürst, dass es dich ein bisschen mehr Mühe kostet, Schritt zu halten. Wenn es deine Strategie war, dich stets anzustrengen, wirst du dich nun ein wenig mehr ins Zeug legen. Das macht dich ein bisschen rascher müde. Vielleicht irritiert es dich auch schneller, wenn etwas außerhalb deiner gewohnten Tagesordnung passiert. Du reagierst darauf, indem du dich noch strikter an deine Regeln und Muster hältst und dein Terrain verteidigst, um dir und deiner Umgebung zu beweisen, dass du »so alt nun auch wieder nicht bist«.
Mit dieser Haltung kämpfst du verbissen und zäh gegen das Alter und die Vergänglichkeit. Doch irgendwann spürst du dann, dass sich dieser Kampf tatsächlich gegen dich selbst richtet.

Der Angst vor dem Alter ins Gesicht sehen

In meinen Seminaren begegne ich oft Menschen, die schon mit vierzig Angst vor dem Alter entwickeln, andere sind fünfzig, sechzig, siebzig Jahre alt. Viele versuchen auch, sie zu verdrängen. Was sich für jede(n) Einzelne(n) hinter dieser Angst verbirgt, ist individuell natürlich verschieden: zu versagen, nutzlos, gebrechlich, abhängig oder unselbstständig zu werden: die Liste lässt sich endlos fortsetzen.
Deshalb ist es wichtig, dass du zunächst einmal deinen ganz persönlichen Zerberus von Angst identifizierst, den du dir vor die Schwelle deines Alters gesetzt hast. In dem Moment, da du ihn erkennst, kannst du ihn dir genauer anschauen, Kontakt zu ihm aufnehmen und ihn als Hüter wahrnehmen, der dich auf einen besonders sorgfältig verborgenen und abgetrennten Teil von dir hinweist.

Die Menschen, die wegen ihrer Angst vor dem Alter in meine Seminare kommen, erklären nach den drei Seminartagen einstimmig, dass ihre Angst einer neuen Zuversicht gewichen sei – und das, obwohl sie inzwischen noch einmal drei Tage älter geworden sind! In diesen drei Tagen haben sie jedoch gelernt, sich klarer wahrzunehmen, sich neu zu entdecken und sich unbefangen zu erleben. Das heißt: Sie sind authentischer und kompetenter sich selbst gegenüber geworden. Sie haben sich in ihrer Einzigartigkeit und Vollständigkeit erfahren. Das hat sie unabhängiger gemacht von ihren Vorurteilen und Vorbehalten und ihnen den Mut gegeben, ihr Leben in genau der aktuellen Phase zu leben, anstatt sich in Normen zu pressen oder vor ihren Ängsten davonzulaufen.
Diese Neudefinition in der aktuellen Realität erlaubt ih-

nen, die Teufel, die sie sich an die Wand gemalt hatten, als eingebildete Horrorphantasien zu erkennen, die nun keinerlei Ängste mehr auslösen können.

Wie Krankheit und Gebrechlichkeit sind auch Alter und Tod für viele von uns ein Tabu – und deshalb gilt es, den Kampf gegen die Vergänglichkeit aufzunehmen und dergleichen zu unterdrücken und möglichst zu besiegen.

Das zugrunde liegende Schema ist dir inzwischen bereits bekannt. Wegen ihrer Projektionen haben Menschen schon Kriege geführt.
Nun erlebst du, wie in unserer Gesellschaft das Alter mit Versagen und Niederlage gleichgesetzt wird.
Wenn du dein Leben dem Erfolg, dem Dazugehören und dem Siegen gewidmet hattest, ist es nun ein wesentlicher Schritt, zu der Selbsterkenntnis zu gelangen, dass du bei diesem Weitergleiten zu deiner nächsten Lebensperle mit der »anderen Seite«, der Schattenseite, konfrontiert wirst; *Verdrängung oder Flucht bringt dich nicht weiter.*

Krankheit und Tod – ein Versagen?

Lass dich noch einmal deinen Entwurf deines Lebensspiels betrachten: Stell dir vor, dass die Perlen deiner Lebenskette aufgefädelt sind und du sie am Zeitfaden eine nach der anderen erlebst. Du konntest dich nicht an der Perle deiner Kindheit festhalten. Es galt immer wieder loszulassen, um dich mit der nächsten zu befassen. Und selbst wenn sich bestimmte Facetten bei den verschiedenen Perlen wiederholt haben, war doch immer wieder eine neue Perle »dran«. Wenn du bei diesem Bild bleibst, fällt es dir vielleicht leichter, die Perle des Alters anzunehmen. Es gilt zu akzeptieren, dass es dein Leben ist, das sich da abspielt und abspult, und es gilt zu erkennen, dass ständig neue Seiten und Eigenschaften an dir sichtbar werden. Somit ist also deine Neugier gefragt. Es geht um deine Fähigkeit, neugierig zu entdecken, für welche Überraschungen du gut bist.

Du hast bereits gesehen, wie viel Kraft und Kreativität, wie viel Unbefangenheit und Unverzagtheit dich deine Vorurteile und Vorbehalte gekostet haben. In dem Augenblick, da du nun anfängst, Alter, Tod, Krankheit und Verzweiflung als Bestandteil des menschlichen Lebens zu akzeptieren, kannst du dich in deiner Lebenssituation neu und positiv erleben. Wer hingegen seine Vorurteile pflegt und sich die Schattenseiten als persönliches Versagen und eigene Schuld anlastet, macht sich sein Dasein unerträglich und schmerzhaft. Denn diese negativen Eigenschaften gehören schlichtweg zur menschlichen Grundausstattung und begleiten uns durch unser Leben. Du trägst die Verantwortung, wann, wie und in welchem Ausmaß sie in deinem Leben eine Rolle spielen. *Doch die Tatsache, dass du für alles verantwortlich bist, was in deinem Leben sichtbar wird, bedeutet nicht, dass du schuldig bist.* Auch wirst du nicht bestraft.
Die Schattenseiten tauchen auf wie Begleiter oder Lehrer, die dir deine eigene Person sichtbar machen, die dich lehren, die dich weiterbringen.

Hörst du also auf, dem Phantom Jugend hinterherzulaufen, vermagst du zu entdecken, welchen Reichtum und welche Fülle dein derzeitiges Alter für dich bereithält. Du kannst anfangen, die Vielfalt und Feinheit deiner Empfindungen zu erforschen, um sie vielleicht sogar zu genießen. Du wirst feststellen, dass durch das bewusste Erleben von Schmerz, Trauer und Angst Freude und Lust eine unerwartete Tiefe bekommen. Lernst du, deine Einsamkeit zu ertragen, hast du die Wahl, ob und mit wem du Gemeinsamkeit teilen willst und welche neue Qualität sie bekommt. Dein Allein-Sein kann dir auch spürbar machen, mit welchen Menschen du dein Bezogen-Sein über die Grenzen körperlicher Anwesenheit hinaus wahrnimmst. So kannst du die alte Weisheit, dass du dein Leben zwar nicht verlängern, wohl aber vertiefen kannst, in allen Nuancen ausloten und auskosten. Du wirst erleben, wie viele Menschen wirklich Sehnsucht nach Kontakt und Nähe zu dir haben. Denn schließlich lebst du ihnen in aller Wahrhaftigkeit und authentisch vor, was es bedeuten kann, wenn *ein Mensch sein Leben lebt.*

Was in dir bekämpfst du so unerbittlich?

Du solltest nun innehalten und dich einmal fragen, welchen Teil von dir du so unerbittlich bekämpfst.

- Schau dir an, wovor du so viel Angst hast, dass du so verzweifelt zu entkommen versuchst.
  Ist es das Loslassen deiner Kinder?
  Deine Fortpflanzungsfähigkeit?
  Siehst du jüngere Menschen als Rivalen?
- Was bedeutet Alter für dich? Unfähigkeit? Versagen? Abschied? Gebrechlichkeit? Unbeweglichkeit? Entbehrlichkeit? Nutzlosigkeit? Einsamkeit? Abhängigkeit? Schmerz?
- Hast du Angst, sexuell nicht mehr attraktiv zu sein?

- Erlaub dir wahrzunehmen, was dir das Gefühl vermittelt, so hilflos und ausgeliefert zu sein, dass du bereit bist, alles zu tun, um diesem Geschick zu entkommen.

Ein wesentlicher Grund, warum wir uns so gern vor der Auseinandersetzung und der Konfrontation mit Alter, Krankheit und Tod drücken möchten, ist, dass sie uns unsere eigene Sterblichkeit bewusst machen. Wir alle wissen, dass wir uns seit unserer Geburt auf den Tod zubewegen, und doch hegen wir insgeheim die Hoffnung, wir könnten vielleicht eine Ausnahme sein, der es gelingt, diese Erde lebend zu verlassen; unsere Strategien tragen zu dieser Illusion ihr Übriges bei.
Wenn wir ständig beschäftigt, erfolgreich und abgelenkt genug sind, fällt es uns leichter, an dieser Illusion festzuhalten. In Lebensphasen, in denen wir aus vermeintlich sicheren Gewohnheiten gerissen werden, gelingt uns diese Verdrängung dann nicht mehr so glatt. Hinter all den Ängsten vor Krankheit und Alter tauchen auch die auf, die mit der Bewusstheit unserer Sterblichkeit verbunden sind. Anstatt diese Tatsachen weiterhin zu ignorieren, kannst du auch bei diesem Thema jetzt anfangen, deine Augen zu öffnen, um zu erkennen, wie viel Lebendigkeit aus dem Bewusstsein deiner Sterblichkeit erwachsen kann. Wenn du deine Endlichkeit wahr- und annimmst, stellt sich die Erkenntnis ein, wo du lebst und wie du lebst: in welchen Momenten du zu dir stehst, wann du bereit bist, für deine Aufgabe zu leben, und in welchen Fällen du dich eher für deine Bequemlichkeit oder Gewohnheit entscheidest.
Meine sehr verehrte Lehrerin Elisabeth Kübler-Ross, die viele Menschen beim Sterben begleitet und den Zusammenhang zwischen Leben und Tod erforscht hat, vertritt

die Ansicht, dass es unsere nicht gelebten Anteile und Eigenschaften sind, die uns Angst vor dem Sterben machen. Du könntest also einmal deine Vorurteile und Vorbehalte unter diesem Gesichtspunkt betrachten und hinterfragen, wo sie dich dein Leben kosten bzw. gekostet haben. Auf diese Weise wird diese tiefe Erkenntnis am eigenen Leib nachvollziehbar.

Wir sind sterblich

Sicher kennst du Menschen, deren Leben durch die direkte Konfrontation mit ihrer Endlichkeit und Sterblichkeit eine neue Intensität und Qualität gewonnen hat. Vielleicht warst du ja selbst einmal einer lebensbedrohlichen Situation ausgesetzt. Dieses Erlebnis und die daraus resultierende Bewusstheit, dass wir in jedem Moment das Leben verlieren können – und unsere Mitmenschen, Begleiter, Lieben natürlich auch –, kann unseren Blick wieder auf all die Schönheit, den Reichtum, die Vielfalt und die Kostbarkeit von all dem lenken, was wir haben. Denn oft konzentrieren wir uns nur verbissen auf das, was wir nicht (mehr) haben.

Um deinem Blick eine neue Richtung zu geben, musst du natürlich nicht abwarten, bis eine Krise dich dazu zwingt. Krankheit und Leid sind zwar häufig die entscheidenden Anlässe, die uns aus unserem Trott reißen und zwingen, zu uns zu kommen. Das heißt jedoch nicht, dass du nicht ohne Krise anfangen kannst, dich mit deinem Thema und deiner Aufgabe zu befassen.

Du kannst jederzeit beginnen zu erledigen, was du an Unerledigtem mit dir herumschleppst. Sehr schnell wirst du dabei feststellen, welch einen Berg du vor dir herschiebst.

Dazu ein Beispiel:
Eine Klientin, Anna (71 Jahre), nutzte ihre Sitzungen bei mir sehr intensiv, um ihrer Angst vor dem Tod auf den Grund zu gehen. Ihr Wunsch war, ihn heiter und gelassen zu erwarten, doch momentan hatte sie einfach nur Angst. Eines Tages kam sie und erzählte mir von einer Verwandten, die todkrank in der Klinik liege; sie müsse die ganze Zeit an Marie denken. Anna sagte, Marie habe ihr das ganze Leben lang nur Ärger und Konflikte eingebracht, und eigentlich könne ihr Leiden und baldiger Tod sie doch kalt lassen oder gar erleichtern. Stattdessen sei sie bedrückt und voller Anteilnahme. Ich fragte Anna, ob sie Marie noch was zu sagen habe. Anna zögerte und meinte dann, an all den Querelen und Reibereien habe sie ja doch auch ihren Anteil gehabt. Heute würde sie diese Angelegenheit anders handhaben, zumal sie Marie gegenüber immer ganz besonders beleidigt und empfindlich reagiert habe. Ich fragte Anna, was sie daran hindere, Marie genau das mitzuteilen. Sie zögerte wieder eine Weile, dann erwiderte sie: »Eigentlich mag ich nicht so gern den Anfang machen und einräumen, dass auch ich kein Engel war. Außerdem trifft Marie vielleicht der Schlag, wenn ich nach all den Jahren bei ihr auftauche und sie um Verzeihung bitte.«
Indem sie ihre Vorbehalte in Worte fasste, wurde Anna klar, was sie zurückhielt und was wirklich ihr Anliegen war. Sie hatte nun den Spielraum, ihre Möglichkeiten zu sondieren und sich zu entscheiden. Beim Abschied bedankte sich Anna und meinte:
«Da ich weiß, dass Marie todgeweiht ist, überleg ich mir ernsthaft, zu ihr zu gehen!«
Am gleichen Abend rief Anna mich an und erzählte mir, sie sei noch am Nachmittag in die Klinik gefahren und habe Marie bewusstlos vorgefunden. Sie habe ihr alles ge-

sagt, was sie, Anna, an Rivalität und Animosität in diese Beziehung eingebracht und Marie in die Schuhe geschoben habe. Marie habe die ganze Zeit schwer atmend dagelegen, und Anna war sich nicht sicher, ob ihre Verwandte ihre Worte überhaupt noch verstanden hatte. Abschließend gestand sie ihr, sie würde heute ihre Beziehung zu Marie grundlegend anders sehen und leben. Anna sagte Marie: »Ich habe all die Jahre und viel innere Arbeit gebraucht, um unsere Beziehung nun in einem anderen Licht zu sehen und dir dies auch noch zu sagen. Damals konnte ich mich nicht anders verhalten. Ich bitte dich um Vergebung für meine Verschlossenheit und für den Kummer, den ich dir und mir damit bereitet habe.« Maries Atmung wurde deutlich ruhiger.

Zum Abschied sprach Anna ein Gebet für Marie, um ihre neue Art von Bezogensein zu besiegeln. Da habe Marie sehr friedlich und still dagelegen. Anna fühlte sich selbst wie von schweren Ketten befreit.

Am nächsten Morgen bekam Anna die Nachricht, dass Marie in der Nacht sehr ruhig und ohne noch einmal das Bewusstsein erlangt zu haben, gestorben sei. Anna rief mich an und war unendlich dankbar, dass sie Marie noch erreicht hatte: »Mein Leben lang hätte ich mir Vorwürfe gemacht, wenn ich diesen Abschied verpasst hätte.«

Ich halte es für möglich – und die Beobachtungen und Forschungsergebnisse von Elisabeth Kübler-Ross und anderen sprechen ebenfalls dafür –, dass es Marie ihren Abschied und ihr Sterben erleichtert hat, weil sie ihre Beziehung mit Anna geklärt wusste. Auch wenn sie bewusstlos und scheinbar nicht mehr ansprechbar war, hat ein Teil von ihr Annas Besuch doch gespürt und angenommen.

Rückschau halten

Diese Geschichte hat dir gezeigt, welch unüberwindbar scheinende Vorbehalte uns von Menschen trennen können und dass es gar nicht so schwierig ist, aus so einer Situation auszusteigen und einen neuen Weg zu gehen. Dabei stellen sich oft alle möglichen Ängste ein: nicht gut dazustehen, nicht Recht zu haben, sich lächerlich zu machen, sich angreifbar zu zeigen, sich eine Blöße zu geben. Doch in Wirklichkeit bedarf es nur deiner inneren Bereitschaft, dein Vorurteil loszulassen. Du musst nichts schwer erarbeiten oder aufarbeiten. Du kannst deinen Weg erkennen, ihn gehen und sagen: »Da bin ich. Damals habe ich mich geirrt oder verstiegen. Ich konnte einfach nicht anders.«
Diese Art, deine Vergangenheit zu klären, ist sehr einfach. Du wirst erstaunt sein, wie eindeutig sichtbar dir plötzlich deine Lebensthemen aufscheinen und wer wie dazu beigetragen hat. Sobald du nämlich deinen Rückblick von deinen Vorurteilen und Vorbehalten befreist, von deinen Geschichten und Dramen, wirst du entdecken, dass jeder Mensch, jedes Tier und auch jede Situation dich gelehrt haben, dein eigenes Wesen besser zu verstehen. Sie haben dir Gelegenheit gegeben zu entdecken, was du kannst und was in dir steckt. Sie haben dich wirklich herausgefordert, etwas Verdecktes, Unbewusstes, Verstelltes aus dir hervorzubringen. Sie haben dich bewogen, einen verborgenen Teil, der dir vorher unzugänglich war, gleichsam auf die Welt zu bringen.
So gesehen, kannst du auch all deine Begleiter als Geburtshelfer betrachten, denn sie haben dich unterstützt, an dir immer neue Variationen und Fähigkeiten zu entdecken, um sie dann der Welt zu schenken. Bei all den Schritten, die wir in unserem Leben tun, geht es ja immer wieder

darum, das Versprechen, das wir für die Welt, ja für die Schöpfung sind, zu entdecken, wahrzunehmen und einzulösen. In diesem Sinn kann die Konfrontation und das Annehmen deiner Sterblichkeit die Gelegenheit sein, einen Neubeginn für dich zu wagen in der Bewusstheit, dass es auf dich ankommt, auf deinen einzigartigen Beitrag in seinem besonderen Wert und seiner speziellen Kostbarkeit. Dieses weite Spektrum gibt dir zum einen die Möglichkeit, dich voll und ganz in deiner Fehlbarkeit und Unzulänglichkeit sowie in deinem Dasein als Mensch anzunehmen; zum anderen gibt es dir auch den Raum, dich in dem großen Zusammenhang deines Auftrags, deiner Berufung zu sehen – allerdings nur, wenn du von deiner Gewohnheit zu werten und zu urteilen loskommst. Hast du gelernt, deine Vorurteile und Vorbehalte zu durchschauen und zu entdecken, dass du mehr bist als diese Begrenzungen, wird es dir möglich, zu dem vorzudringen, was du eigentlich und wesentlich bist; du weißt dann, was dein Anliegen in diesem Leben ist.

Um es also noch einmal zusammenzufassen:
Sobald du weißt, was du willst, kannst du tun, was du willst. Lässt du dich in deinem Leben hingegen von Vorurteilen und Vorbehalten beschränken, kannst du nicht tun, was du willst; du wirst verleitet und getrieben, verführt und geblendet.

Erweiterst du dein Blickfeld, erkennst du, dass in der Weite des gesamten Spektrums scheinbar Paradoxes als zwei Pole einer Einheit vorhanden ist, das du nun akzeptieren kannst. Du bist nicht mehr gezwungen, in der Zerrissenheit und im Zweifel der Dualität zu denken, zu handeln, zu reden und zu fühlen. Wenn du dir des vollen Spektrums

bewusst bist, musst du dich nicht mehr für Rot *oder* Grün entscheiden, sondern siehst ein, dass beide Farben dem gleichen Spektrum angehören.
Genauso kannst du erkennen, dass es nicht um Leben oder Tod, sondern um das gesamte *Spektrum von Leben und Tod* geht. So kann die Bewusstheit um deinen Tod die Qualität deines Lebens in jeder Hinsicht bedeutend bereichern und ihr mehr Tiefgang verleihen. Umgekehrt macht dir diese Art deines Lebens deine Beziehung zum Sterben und zum Tod neu zugänglich. Dann betrachtest du nämlich deinen Tod als folgerichtige Er-Füllung und Voll-Endung deines Lebens.
In gleicher Weise beschert dir deine Wahrnehmung von Krankheit die Fähigkeit, dich selbst als gesund und heil zu erleben, um tatsächlich zu leben und es auch zu genießen. Und somit kannst du erkennen, dass die Frage nicht lautet: Krankheit *oder* Gesundheit. Krankheit *und* Gesundheit begleiten dein Leben. So gesehen, mag es Lebensphasen und Situationen geben, in denen es gesünder und heilsamer sein kann, krank zu sein – womit der Kreis sich schließt.

Praktischer Teil

Sterblichkeit und Tod

Du kannst dich nun fragen, ob und wie es dein Leben verändern würde, wenn du heute so lebtest, als wäre es dein letzter Leb-Tag. Achte genau auf deine Reaktionen.

- Wie fühlst du dich bei dieser Konfrontation mit dir und deiner Sterblichkeit?

- Welcher Leid-Satz hat dich bis jetzt gehindert, dein Leben voll und ganz zu leben ?
- Kannst du spüren, dass es einen Unterschied macht, ob du von deiner Sterblichkeit weißt – oder ob du dir ihrer bewusst bist?
- Wie wirst du dein Leben mit dieser Bewusstheit verändern?
- Was hast du zurückgehalten?
- Wem gegenüber hast du dich zurückgehalten?
- Was hast du noch zu erledigen?
- Mit wem hast du etwas zu klären?
- Wen willst du um etwas bitten?
- Wem hast du etwas zu verzeihen?
- Wen möchtest du um Verzeihung bitten?
- Was hast du dir selbst zu verzeihen?
- Wem willst du wofür danken?
- Wem willst du sagen, dass du ihn/sie liebst?
- Was macht dir Angst vor dem Sterben?

Auf all die Fragen, die du dir gestellt hast, wirst du deine persönlichen Antworten finden und damit deine Ver-Antwortung übernehmen können. Um deine unerledigten Probleme zu regeln, gebe ich dir folgende Empfehlung: Überleg dir genau, wem du was zu sagen hast, und setze dann alles daran, es so bald wie möglich auch wirklich zu sagen.
Verantwortung zu übernehmen heißt, dass du in dem Moment, da du erkannt hast, dass du auf dem Irrweg bist, dem Betroffenen deine Kursänderung mitteilst. Wird dir zum Beispiel klar, dass du diese Person damals ins Unrecht gesetzt hast, weil du in Wirklichkeit eifersüchtig auf sie warst, ist es an der Zeit, deine Beziehung dadurch komplett zu machen, indem du diese Person um Verzeihung

bittest. Wenn dir dieser Mensch als Bezugs-Person wichtig ist, solltest du ihm tatsächlich mitteilen, dass du damals nicht anders konntest, jetzt aber eine andere Sichtweise hast.

Ist diese Person aus deinem Blickfeld und deinem Leben verschwunden, wirst du spüren, wie hilfreich und erleichternd es ist, ihr zu schreiben. Du brauchst diesen Brief gar nicht abzuschicken, du kannst davon ausgehen, dass er dennoch »ankommt«.
Du kannst diese Klärung in Form eines Briefes auch bei Menschen anwenden, die verstorben sind. Entscheidend ist, dass du diese Briefe verfasst, um deine Beziehung zu vervollständigen und um Frieden mit diesen Menschen zu schließen. Das bedeutet keinesfalls, dass du die alte Leier von Schuld und Sühne erneut abspulst. Es geht vielmehr darum, dass du dich klar und ohne jegliche Schuldzuweisungen dir oder anderen gegenüber zu deinem Verhalten und der daraus resultierenden Verantwortung bekennst. Du teilst dieser Person mit, dass du ihr verzeihst, was sie dir an Schmerz und Ärger, an Angst und Verzweiflung zugefügt hat; und bittest nun deinerseits um Verzeihung für die Enttäuschung und den Kummer, die dein Verhalten dem anderen bereitet hat.

Was der Körper uns mitteilt:
Zur Ganzheit gelangen

Gib dir nun die Gelegenheit, diese Fragen und Themen zu klären, indem du die Weisheit deines Körpers befragst. Mit Hilfe deiner Bewegung kannst du dir nämlich deiner Ganzheit und Vollständigkeit gewahr werden.

- Leg dich auf dem Rücken auf den Boden.
- Wie spürst du heute den Prozess des Niederlassens und Dich-Anvertrauens, bis es dir bequem ist?
  An welchen Stellen nimmst du spontan die Unterstützung des Bodens an?
  Wo hältst du vorerst noch fest?
- Kannst du dir erlauben, dein Bild zu betrachten? Oder fängst du an zu urteilen, zu werten oder dich zu kritisieren?
- Mach dir bewusst, dass du dich jederzeit dafür entscheiden kannst, dich sein zu lassen.
  Spüre der Entlastung nach, die dir diese Bewusstheit bringt.
- Fühle also deine Lage, dein Atmen und deine beiden Körperseiten.
- Lenke nun deine Aufmerksamkeit zu deinen Händen und mach dir bewusst, mit welcher du dich zuerst beschäftigen willst.
  Heb die Hand, die du gewählt hast, ganz wenig vom Boden und halte sie einen Moment in der Luft, um sie dann fallen zu lassen.
  Spür die Erschütterung in deiner Hand, in deinem Arm und in deinem Körper durch den leichten Aufprall.
  Wiederhole dieses Fallenlassen deiner Hand einige Male, damit du spürst, wie du den Abstand deiner Hand zum Boden wählen kannst, damit deine Hand auch wirklich fallen kann.
- Leg deine Hand einige Male mit einer langsamen Bewegung auf dem Boden ab. Mach dir damit den Unterschied klar zur Qualität und deiner Wahrnehmung der Bewegung des Fallens.
  Spüre das Heben deiner Hand, den Moment des In-

nehaltens an genau dem Punkt, da du dir erlauben kannst, deine Hand loszulassen. Fühle, wie leicht dir diese Hand fällt.
Kannst du dir erlauben, die Fall-Höhe so zu wählen, dass dir der Fall leicht fällt? Oder machst du eine Mutprobe daraus?

- Lass dich nun mit diesem Fallen experimentieren: Wenn du bis jetzt die Hand immer auf deine Handfläche hast fallen lassen, probiere es jetzt mit dem Handrücken aus. Spüre nach, wie du dieses Fallen erlebst.
- Und wie leicht oder schwer fällt es dir, deine Hand auf die Kante des kleinen Fingers fallen zu lassen?
- Nimm wahr, wie viel verschiedene Fallmöglichkeiten deine Hand dir zeigt, und begleite deine Bewegungen mit Wachheit und Neugier.
- Während du ausruhst und dein Bild betrachtest, kannst du dich überraschen lassen, wie diese leichten Fallbewegungen die Lage von Hand und Arm verändert haben.

- Lass dich nun mit dem Fallenlassen noch ein bisschen spielen.
- Heb jetzt zusammen mit deiner Hand deinen Unterarm leicht vom Boden ab und lass dich von dieser Möglichkeit des Fallens erschüttern.
  Probiere aus, ob du dieses Fallen unterschiedlich spürst, wenn dein Unterarm mit der Handfläche nach oben bzw. nach unten aufkommt.
- Wie hart oder wie bergend empfindest du den Boden?
- Spüre dein Bild, das dir die Erde von diesem Arm und dieser Hand reflektiert, und vergleiche es mit deiner anderen Körperseite.

- Hebe nun den ganzen Arm von der Schulter an ein wenig vom Boden ab, halte ihn einen Moment in der Luft und nimm wahr, ob du dich traust, ihn loszulassen.
  Gib dir Zeit, der Erschütterung in dir nachzuspüren und sie verklingen zu lassen.
- Lass dich dieses Fallen nun einige Male wiederholen und nimm wahr, welche der obenstehenden Fragen auftauchen und dein Fallenlassen begleiten.
  Erlaub dir, deine Frage auftauchen zu lassen, ohne sie zu bewerten. Beobachte, ob diese Frage dein Fallenlassen oder dein Erleben davon verändert.
- Betrachte wieder dein Bild, das dir der Boden reflektiert.
  Spüre nach, was die Fallbewegungen mit deiner ganzen Körperseite »gemacht« haben.
  Vergleiche dieses Gefühl mit deiner zweiten Seite.

- Fang nun an, mit deiner zweiten Hand diese Fallbewegungen durchzuspielen.
  Beginne, wie »es dir am leichtesten fällt«, zum Beispiel den Unterarm auf die Handflächenseite fallen zu lassen.
- Experimentiere nun mit den Variationsmöglichkeiten.
  Wählst du die gleiche Fallhöhe? Nimm wahr, ob du die Erschütterung auf der zweiten Seite genauso spürst.
  Fühlst du auf dieser zweiten Seite vollkommen anders, was es heißt, dich zu getrauen, dich fallen zu lassen?
- Benutze diese minimale Bewegung, um zu erfahren, was es für dich heißt, dir zu trauen.

Spüre nach, wie es sich für dich anfühlt, einfach fallen zu lassen.
Nimm wahr, wie leicht oder schwer dir deine linke bzw. rechte Seite fällt.
Wie verschieden erlebst du dieses Loslassen?
Wie durchlässig bist du, dich erschüttern zu lassen?

- Nimm wahr, wie deine Atmung mit dem Fallenlassen zusammenhängt.

- Gönn dir einen Moment Pause und fühle, was dir der Boden jetzt zur Lage deiner beiden Seiten und zu deinem Atmen sagt.
- Stelle nun deine beiden Füße vor deinem Becken auf und wähle den *Fuß*, mit dem du weiterexperimentieren willst.
  Hebe deine Fußspitze etwas vom Boden ab. Fühl den Punkt der Umkehr und lass los.
  Wiederhole die Bewegung so häufig, bis du spürst, wo der Umkehrpunkt ist, der dir wirklich die Erfahrung des Fallens erlaubt.
  Wie setzt sich die Erschütterung in deinem Bein, in deinem Becken fort?
- Wie erlebst du das Fallen und die Erschütterung, wenn du deine Ferse vom Boden hebst, um sie dann in der dir angemessenen Höhe loszulassen?
  Vertraust du dabei auf dich?
- Wie fühlst du jetzt deinen Fuß, dein Bein stehen?
- Was hat das Loslassen an deiner Lage verändert?
- Heb jetzt den ganzen Fuß ein wenig vom Boden ab und lass ihn auf deine Fußsohle fallen. Traust du dich, ihn fallen zu lassen? Oder stellst du ihn auf den Boden zurück?

- Erlaub dir, der Verschiedenheit dieser beiden Bewegungen nachzuspüren.
  Was ist unterschiedlich?
- Experimentiere nun mit deinem Fuß und Bein und fühle, wo dich dieser Fall erschüttert. Kannst du es dir erlauben, dich erschüttern und innerlich erzittern zu lassen?

- Gönne dir eine Pause und spüre dein Bild, die Veränderung und die Verschiedenheit der beiden Körperseiten als Ergebnis des Fallenlassens.
- Fang an, mit dem zweiten Fuß oder Bein den Umkehrpunkt zum Loslassen auszuloten.
- Spiele mit der Möglichkeit, die dir leicht fällt, und beobachte, welche Frage, welcher Leid-Satz oder welche Einsicht sich beim Umgang mit dem Loslassen bei dir einstellt.
- Nimm wahr, wie du dich von deiner Bewegung führen lassen kannst zu deinem Thema, zu deiner Frage – also dahin, worum es dir in Wirklichkeit geht.
- Mach dir bewusst, wie verschieden leicht oder schwer dir deine beiden Seiten fallen, wie unterschiedlich du deinen beiden Seiten traust, loszulassen.
- Nimm wahr, ob deine Fähigkeit, dir zu trauen, damit zusammenhängt, dass du dir die Grenze, das heißt den Umkehrpunkt, klar machst.
  Bist du beim Experimentieren mit diesem Punkt bzw. dieser Grenze sicherer geworden?
- Zu jeder Zeit kannst du Fragen, Themen, Ängste, Vorstellungen auftauchen lassen.
  Nimm wahr, wie sie deine Atmung oder dein Bewegen berühren und beeinflussen.

Du kannst immer wieder deinen Standort wechseln, indem du deinen Bewegungen deine ungeteilte Aufmerksamkeit schenkst und dann – wie bei einem Film – dein jeweiliges Thema einblendest. So kannst du entdecken, wie deine Vertrautheit mit deiner Bewegung es dir erlaubt, dein Thema neu, gewissermaßen aus der Distanz zu sehen.

Zum Abschluss dieser Sequenz solltest du dir noch einmal bewusst machen, wie du mit Hilfe deiner aufmerksamen, behutsamen Bewegung in der Lage bist, dein Thema im wahrsten Sinn zu begreifen und zu verstehen. Im Kontakt mit dir und deiner Lernfähigkeit wird es dir so möglich, Impulse und Eindrücke neu wahrzunehmen, anzunehmen und auch neu zu verarbeiten.
Aus dieser Wachheit kannst du dann Situationen und Möglichkeiten des Erlebens schaffen, um so jeden Augenblick neu zu erleben, anstatt in festgefahrenen Mechanismen immer wieder das Gleiche zu wiederholen.
Aufgrund der Erkenntnis und der Einsicht, dass jeder Moment deines Lebens neu und einmalig entsteht, bist du dann in der Lage, die Fragen zu Vergänglichkeit und Endlichkeit vor dem Hintergrund deines Er-Lebens von Fallen und Lassen, von Erschütterung und Vertrauen, anders zu betrachten. Du spürst, dass du dir trauen kannst.
Erkennst du nun, wie viel scheinbar Unsagbares, Unlebbares angesichts deiner Sterblichkeit sagbar und lebbar wird?

Zum Schluss

»Vielleicht besteht die Liebe darin, dass ich dich sanft und liebevoll zu dir selbst zurückführe.« *(Antoine de Saint-Exupéry)*

Hast du Zugang zu allen vier Ebenen, die das Mensch-Sein ausmachen – der körperlichen, emotionalen, intellektuellen und spirituellen –, ist es dir möglich, genau die zu wählen, die dir im Moment den besten Kontakt zu dir verschafft.

Dabei ist nicht eine Ebene »besser« als die andere; vielmehr erlaubt dir diese Wahl, alte Wunden und blinde Flecken aufzuspüren, um so gespaltene Aspekte deiner Persönlichkeit wieder zu integrieren. Du weißt ja jetzt, dass du weder in dramatischen Aktionen etwas aufarbeiten noch mit positivem Denken beschönigen musst. Es genügt, dergleichen einfach nur wahrzunehmen und dich mit dieser vielleicht ungeliebten Eigenschaft anzunehmen. Du erkennst dann, dass jeder bislang unentdeckte Anteil zu deiner Lebendigkeit beitragen kann. Und du erkennst auch, dass dir der Fluss des Lebens immer wieder und aktuell die Impulse beschert, die dich voranbringen, dich wachsen und weiter entwickeln lassen. Du weißt, dass es nicht darum geht, ob dir diese Impulse gerade gelegen kommen oder nicht. Du kannst hadern und jammern, kämpfen und um dich schlagen, Menschen und Situationen die Schuld geben – oder du kannst wahrnehmen, was genau dich diese Situation hier und jetzt lehren will. Mach dir also stets bewusst, was jetzt für dich »dran« ist. Auf diese Weise findest du die passenden Schlüssel zu deinen inneren Türen; du musst sie nicht aufbrechen oder eintreten. Deine Räume werden in genau

dem Maß für dich zugänglich, wie es dir entspricht. Außerdem hast du gelernt, wie du deine Muster und Begrenzungen integrieren kannst, anstatt sie zu bewerten und zu beurteilen. Du kannst deiner Lebensenergie vertrauen, die dich so lange und so oft mit deinen problematischen Anteilen konfrontiert, bis du sie vollends erlöst hast. Du weißt einzuschätzen, dass du heute 2 mal 3 rechnest und morgen über die Aufgabe jammerst, 5 mal 4 zu lösen, und du übermorgen stöhnst wegen 3 mal 7. Doch dir ist klar geworden, dass du bei all diesen Aufgaben zu multiplizieren gelernt hast.
Es mag dir auch scheinen, du hättest zum Beispiel das Thema »Selbstwertgefühl« von allen Seiten beleuchtet und integriert – und da taucht es plötzlich auf einer ganz neuen Ebene auf.
Es ist daher wichtig, dass du dein Thema kennst. Sei also stets neugierig und mach dir bewusst:
Was ist dein Thema? Was lehrt dich eine Situation? Was macht dich so betroffen? Was betrifft dich?

Du hast gelernt, zu spüren und aufzuspüren, was hinter der Fassade von Rechthaben und Rechtmachen, von Besserwisserei, Gut-Dastehen oder Dominieren-Wollen das wahre Motiv bzw. der Antrieb ist.
Auch die diversen Fallen sind dir bekannt. So wirst du zum Beispiel hellhörig, wenn du anfängst zu tratschen – wenn du also mit jemandem über eine dritte Person redest und auf Zustimmung hoffst, anstatt mit dem Betroffenen die Situation zu klären.
Generell lohnt es sich, aufzumerken, wenn du auf der Suche nach Zustimmung bist: Meinst du tatsächlich, zwei oder drei haben eher Recht als du allein? Warum brauchst du Verstärkung?

Schau dir genau an, welche Eigenschaften du bei wem ganz besonders schlimm und abscheulich findest.

Sicher erinnerst du dich noch, dass wir, wenn wir auf andere zeigen, eigentlich immer drei Finger auf uns selbst richten.
Du hast erkannt, dass du Überraschungen erleben kannst, wenn du deine Ängste genau anschaust. Vielleicht hast du ja die Faszination und den Reiz entdeckt, die von diesen Ängsten überlagert werden.
Und wenn du dich für so unentbehrlich und wichtig hältst, welchem Anteil von dir versuchst du zu entfliehen und zu entkommen?
Du hast jetzt sicher schon einige deiner Fluchtwege entdeckt: Ist es zum Beispiel Geplapper, um Stille nicht ertragen zu müssen? Ist es Geschäftigkeit, der Zwang zu helfen, Erwartungen zu erfüllen, oder ist es Essen, Trinken, Rauchen? Bist du deinen Zwängen auf der Spur, hab dir gegenüber Geduld. Mach dir Mut! Sei dir bewusst, dass jeder Mensch seine blinden Flecken hat, die ihn suchend, ja süchtig sein lassen; und die eine Sucht ist eben angesehen, während die andere diskriminiert wird. Es geht jedoch nicht um die Wertung, sondern um die Erkenntnis: In dem Moment, da du weißt, was dich bewegt und umtreibt, hast du deine Sucht – und nicht mehr sie dich!

Auf deinem Lebensweg wirst du immer wieder auf Fallen stoßen, die dich herunterziehen oder festhalten. Sie lassen dich deine Ungeduld spüren oder dein Bedürfnis, Recht zu haben, oder geben dir auch das Gefühl, das »weiß ich schon, das kenne und kann ich doch«. Dann wirst du unaufmerksam, es stellt sich der Wunsch nach Bequemlichkeit und Behaglichkeit ein oder auch nach

mehr Sicherheit. Du spürst allmählich jedoch, wie viel Lebendigkeit dich das kostet.
Vielleicht ist deine Hauptfalle ja besonders raffiniert, wenn du nämlich all deine Entdeckungen dazu benutzt, um dich zu entwerten und zu verurteilen. Du suchst und verteilst »Schuld« dann nicht außerhalb von dir, sondern klagst dich an für alles, was dir nicht gefällt in deinem Leben. Doch mittlerweile kannst du diese Herausforderung sicher als das sehen, was sie ist: Perlen an deinem Lebensfaden, die neue Seiten von dir zutage treten lassen.
Sei dir also bewusst, dass du dich immer wieder annehmen kannst und jede deiner Facetten – selbst die ungeliebten – zu deiner Vollständigkeit und Ganzheit beiträgt. Du darfst ruhig fehlbar und unzulänglich sein, denn du kannst nur daraus lernen und dann zu dir stehen. Solange du dich als eine Art Hochglanzbild deiner selbst fühlst, bereitet es dir natürlich keine Schwierigkeiten, dich anzunehmen, zu lieben und dir treu zu sein. Jetzt geht es aber darum, dass du dich mit deinen Zweifeln und Ängsten sowie den von dir abgelehnten Eigenschaften liebst. Das gibt dir Gelegenheit, aus dem Erleben der absoluten Liebe und der bedingungslosen Treue zu dir selbst diese Werte dann auch auf Beziehungen mit anderen Menschen – Partner und Kinder, Eltern und Geschwister – zu übertragen. All die Seiten und Eigenschaften, die du an dir entdeckst und schließlich in deine Persönlichkeit integrierst, geben dir die Freiheit, sie auch bei anderen zu akzeptieren oder zumindest mit Mitgefühl zu tolerieren.

Der Mechanismus ist eigentlich leicht zu durchschauen: Du verurteilst genau das bei anderen, was du an dir nicht annehmen und nicht verzeihen kannst.
Nun hast du jedoch gelernt, dich zu achten und zu lieben.

Du kannst all deine Erkenntnisse anwenden, um dir deine Behutsamkeit und Geduld, deine Achtsamkeit und Zärtlichkeit spürbar zu machen.
Du hast erkannt, dass der einzige Mensch, für den du wirklich absolute Verantwortung trägst, du selbst bist. Du hast die Gewissheit, dass du der wichtigste und kostbarste Mensch für dich bist. In deinem Leben spielst du die Hauptrolle. Wie du mit dir umgehst, kann die Welt verändern. Erlaube dir also, dich in deiner Ganzheit und Originalität auf die Welt zu bringen, um deinen Platz wirklich einzunehmen und auszufüllen. Denn: Auf dich kommt es an!

Anhang

Seminare

Die Weisheit des Körpers befragen

Alles, was wir erlebt und erfahren haben, verkörpern wir. Erinnerungen, Erwartungen, Erfahrungen und Bedürfnisse äußern wir in unserer Körpersprache. Oft werden die Zeichen dieser Sprache im Alltag missverstanden oder einfach ignoriert, bis sie sich unüberhörbar als Schmerz, Angst, Unlust, Erschöpfung oder Ruhelosigkeit und dem Gefühl der Sinnlosigkeit bemerkbar machen.

Ich verstehe meine Seminare als ein Stück gemeinsamen Weges, den wir zusammen gehen in Ruhe und Geborgenheit, um die eigene Gangart, das eigene Tempo und den eigenen Ballast zu betrachten. Dabei erforschen wir, wie und woran Sie sich orientieren und ob es Sie dem Ziel, das Sie anstreben, wirklich näher bringt. Dieses Innehalten gibt Ihnen die Möglichkeit zu erkennen, wo Sie im Alltag einfach funktionieren und sich in Gewohnheiten beengen (lassen) und wo Sie neuen Spielraum und Leichtigkeit finden. Dabei entdecken und erforschen Sie die Weisheit Ihres Körpers, indem Sie lernen, auf seine Signale zu hören. So können Sie erfahren, wie Sie in einen Dialog mit ihm treten können, indem Sie diese Signale achten und die entsprechenden Antworten beachten. Daraus entsteht die Fähigkeit zu wählen und Verantwortung für das eigene Tun zu übernehmen.

Einzelsitzung

Schmerzhafte Ereignisse und traumatische Erlebnisse bewirken, dass der Körper die unangenehme Stelle schont und ruhig stellt; das Bewusstsein blendet das Unannehmbare aus (dabei kann es sich auch um sehr frühe »vergessene«, scheinbar längst »verschmerzte« Situationen handeln). Dieser Mechanismus ist zunächst sinnvoll und überlebensnotwendig. Meist geschieht er jedoch so unbewusst, dass der Körper diese Stellen und ihre

Funktionen buchstäblich vergisst. Er organisiert sich um diesen »blinden Fleck« herum und gerät dadurch aus seinem natürlichen Gleichgewicht.

In der Einzelsitzung entsteht ein sehr persönlicher nonverbaler Dialog zwischen meinen Händen und Ihrem Körper. Für Sie werden die ausgeblendeten Stellen mit ihren inneren Zusammenhängen wieder spürbar und zugänglich. Das bewirkt, dass Sie in Ihrem Alltag »spannende« Situationen deutlicher wahrnehmen und ausgleichen können. Dieses körperliche Gleichgewicht mit der entsprechenden Beweglichkeit und Leichtigkeit bleibt nicht auf den Körper beschränkt – es hat erhebliche Auswirkungen auch auf Ihre mentale, geistige, soziale und emotionale Befindlichkeit.

Die energetische Mutter-Kind-Schaukel

Schwangerschaft, Geburtsverlauf und frühkindliche Erfahrungen können mannigfachen Störfaktoren ausgesetzt sein, die irritierend auf die Mutter-Kind-Beziehung wirken. Angst, Stress und Druck können im ungeborenen oder bereits geborenen Kind das Gefühl der Ungeborgenheit und Schutzlosigkeit auslösen und dann bei ihm zu Schwierigkeiten in der Wahrnehmungs- und Ausdrucksfähigkeit führen.

Gleichzeitig kann diese kindliche Haltung die Mutter/die Eltern verunsichern sowie Schuldgefühle und/oder Abwehr auslösen. Oft schaukelt sich diese gegenseitige Irritation immer mehr hoch, sodass die Beziehung zwischen Kind und Mutter/Eltern immer angespannter und befangener wird. Oft machen sich diese Belastungen bis zum Schul- und Erwachsenenalter (auch verdeckt) bemerkbar.

In meiner Sitzung wird für Mutter und Kind – nonverbal – ihre energetische Einheit wieder spürbar. Im geschützten und geborgenen Raum meiner Begleitung, bei der meine Hände als Brücke und Katalysator dienen, können Irritationen und Missverständnisse in der Stille neu geklärt und geordnet werden. Durch die allmähliche Entspannung der beiden kommt es zu einer neuen Zuwendung und Zuneigung zueinander, verkrampfte Abwehr oder nervöses Aufmerksamkeit-Fordern lösen sich und weichen einer friedvollen Versöhnlichkeit.

Meist reichen ein bis zwei Sitzungen aus, um zu einem neuen Miteinander zu finden. Diese Behandlung ist auch mit größeren Kindern, Pubertierenden und Erwachsenen erfolgreich. Selbstverständlich ist sie auch wirksam bei Vater und Kind.

CD- und Kassetten-Programm

»Die Weisheit des Körpers befragen«

Das Programm besteht aus drei Teilen:
Teil 1: *Vorgeburtlich – Kindheit – Pubertät*
Die inneren Reisen führen zum Erkennen der Lebensthemen. Sie zeigen die Wahl von Eltern, Begleitern, Wegweisern und Partnern. Sie lassen Vorbehalte und Vorurteile sichtbar werden und ermöglichen die Entwicklung daraus.
Teil 2: *Beziehungen – Lieben – Leben*
Die inneren Reisen regen an, die Qualität der äußeren Beziehungen mit jenen zu sich selbst in einen umfassenden Zusammenhang zu bringen. Sie beleuchten das Dasein als Frau, als Mann neu.
Teil 3: *Lebensmitte – Alter – Tod*
Die inneren Reisen zeigen die Möglichkeit, diese Wegstrecke als Schritt zur Reifung und Vertiefung anzunehmen, um sich mit sich selbst und seinem ganzen Lebenslauf zu versöhnen. Dies gilt nicht nur für den eigenen Abschied, sondern auch für den von einem geliebten Menschen.

Preise:
1 CD oder 1 Kassette:
Teil 1: Vorgeburtlich – Kindheit – Pubertät: Euro 15,29
1 CD oder 1 Kassette:
Teil 2: Beziehungen – Lieben – Leben: Euro 15,29
1 CD oder 1 Kassette:
Teil 3 : Lebensmitte – Alter – Tod: Euro 15,29
Bundle-Preis: 3 CDs oder 3 Kassetten,
Teil 1 bis Teil 3: Euro 40,34

Die Kassetten-Programme »Körpersprache« und »Kairos«

Die Kassetten sind geeignet für all jene, die bereits praktische Erfahrung im Seminar, in der Einzelsitzung oder Ausbildung mit mir gesammelt haben. Die Bewegungseinheiten auf jeder Kassette können Ihre Erfahrungen vertiefen und weiterführen. Die Kassetten sind jedoch auch gedacht für Interessierte, die zunächst auf eigene Faust auf den Geschmack meiner Arbeit kommen möchten.
Die Kassetten unterstützen Sie darin, den Weg zu sich selbst und Ihrer Lernfähigkeit zu finden, dort zu bleiben und den Weg weiterzugehen. Sie werden daran erinnert, dass Sie Ihre Gewohnheiten wahrnehmen können - ohne diese zu bekämpfen -, um sich Wahlmöglichkeiten zu schaffen und mit der Fülle Ihrer Fähigkeiten spielen zu können.
Auf jeder Kassette finden Sie zwei abgeschlossene Bewegungszyklen zu den angegebenen Themen. Sie können frei wählen, welche Sie am meisten anspricht.

Preise:

- »Körpersprache« (6 Kassetten) pro Kassette: Euro 14,06
  Bundle-Preis: 6 Kassetten, Teil 1 bis Teil 6: Euro 70,46
- »Kairos« (3 Kassetten) pro Kassette: Euro 14,06
  Bundle-Preis: 3 Kassetten, Teil 1 bis Teil 3: Euro 35,23
- Beide Kassetten-Programme, 9 Kassetten: Euro 102,21

»Körpersprache«

»Körpersprache« führt Sie durch ein Programm mit Basisbewegungen, beginnend mit dem Thema »Selbst-Bild«. Dabei werden Sie angeleitet, Ihre Lage differenziert und deutlich wahrzunehmen, um selbst beurteilen zu können, wie sehr sich diese verändert durch behutsame Bewegungen. Damit Sie sich ohne Ablenkung auf Ihre Bewegungen konzentrieren können, wurde bei den Anleitungen bewusst auf Hintergrundmusik verzichtet.

1. A. Mein Selbst-Bild	B. Stabilität durch Beweglichkeit
2. A. Füße mit Ver-Stand	B. Sitz-Flächen
3. A. Im Lot sein	B. Im Handumdrehen
4. A. Lageveränderung	B. Ungewohnte Augen-Blicke
5. A. Verschiedene Zusammenhänge	B. Gewohnheiten
6. A. Das Fallen-Lassen	B. Die Viel-Seitigkeit

»Kairos«

»Kairos« (griech.) bedeutet: der richtige Augenblick. Dieses Programm wurde während einer fortlaufenden Gruppe aufgenommen. Es übermittelt die besondere Energie, die diese Gruppe getragen und bewegt hat. Die Themen von »Kairos« sind:

1. A. Mein Maß	B. Mein Tempo, mein Rhythmus
2. A. Handeln aus meiner Mitte	B. Handeln aus meiner Mitte
3. A. Mein Leben leicht machen	B. Ich kann loslassen

Kontakt

Für die Anmeldung zu Seminaren oder für die Bestellung von CDs/Kassetten wenden Sie sich bitte an:

Uta Klawitter
Hauptstraße 17b
85716 Unterschleißheim

Tel.: 089 / 317 36 63
Fax: 089 / 374 88 201
E-Mail: u.klawitter@gmx.de
Internet: www.klawitter-kreis.de